ULFERT BECKER

SURVIVAL GUIDE NORDDEUTSCHLAND

WAS MAN ZWISCHEN NORDSEE UND OSTSEE ERLEBT HABEN MUSS

INHALT

Wenn man Glück hat, bekommt man es im norddeutschen Nebel nur mit friedlichen Schäfchen zu tun und begegnet dem als Gonger bezeichneten Poltergeist nicht

Norddeutschland ist sicher eine der abenteuerlichsten und geheimnisvollsten Gegenden dieser Welt, in Sachen Exotik durchaus vergleichbar mit den Regenwäldern Amazoniens, den Gebirgen der Antarktis oder Bielefeld nebst Umgebung.

Es gibt hier Meere, die mal da sind und mal nicht, Gebirge von acht Metern Höhe, wilde Tiere, die man eher in Eiswüsten vermuten würde… und so vieles mehr! Die Landschaft ist ausgesprochen abwechslungsreich: Es finden sich weite Marschen neben fast wellenlosem Flachland, plane Strandwüsten neben spiegelglatter See, ausgedehnte Flussniederungen in endlosen Tiefebenen, Felder, die bis zum Horizont reichen, und Wälder, die auf so waagerechtem Grund stehen, dass ihre Bäume bereits nach wenigen Metern jegliche Fernsicht unmöglich machen. Im Süden wird dieses vielgesichtige Land vom Rest der Welt durch die *(manchmal)* schneebedeckten Gipfelketten *(fast)* hochalpiner Mittelgebirge abgeschottet. Im Norden durch gewaltige Eisberge, die nur wenige Tausend Kilometer entfernt im Meer treiben.

Die Ureinwohner verständigen sich telepathisch – oder doch nur über Grunzlaute? Die meiste Zeit schweigen sie jedenfalls. Ihre Sitten und Gebräuche sind oft mehr als seltsam, wirken manchmal sogar etwas primitiv. Besonders in ländlichen Gebieten haben sie sich – wie alle Naturvölker – einen Hang zum Übersinnlichen bewahrt. Dennoch haben die Norddeutschen im Laufe der Geschichte etliche Werke geschaffen und Taten vollbracht, die sich – auch im internationalen Vergleich – mehr als sehen lassen können. In allen Bereichen, wohlgemerkt: Kultur, Technik, Politik, Kopfsprung, Militärwesen, Alkoholverbrauch u. v. m.

Der Zugang zu dieser faszinierenden Region gilt seit mehreren Jahrhunderten allgemein als erschlossen. Auch in ihrem Inneren bieten sich dem Reisenden viele Möglichkeiten, von A nach B zu kommen. Wer sich jedoch völlig unvorbereitet in diese wundersame Welt traut, den erwarten etliche Fettnäpfchen und Fallen, gelegentlich auch echte Lebensgefahren. Mancher **BADEGAST** *(s. u.)* wurde hier schon zur Moorleiche. Oder kehrte zumindest versehrt nach Hause zurück – zum Beispiel mit einem blauen Auge, das ihm ein aufgebrachter Ureinwohner wegen irgendeines ungewollten Tabubruchs verpasst hatte ...

Um die Zahl derartiger Malheurs deutlich zu verringern und Norddeutschland vielleicht irgendwann sogar international als *sicheres Reiseland* anerkannt zu sehen, habe ich mich entschlossen, dieses Buch zu schreiben. Künftige Besucher sollen hier aus *Insidersicht* über die naturgegebenen Gefahren in der Wildnis, den richtigen Umgang mit den Ureinwohnern, die Möglichkeiten eines interkulturellen Austauschs mit ihnen ... und noch so einiges mehr informiert werden.

Oft war ich selbst irgendwo auf der Welt ein Fremder: So bin ich allein durch Island gewandert, habe in Georgien Einheimische unter den Tisch gesoffen, durch New York ein Auto gelenkt. War eine Weile lang männliches Au-pair-Mädchen in der Schweiz und für eine Nacht der einzige Weiße in einer Diskothek in Johannesburg *(übrigens: super!)*. Hatte eine Freundin in Rom, einmal sogar einen Pauschalurlaub in der Türkei ... Immer waren mir dabei Reiseführer und Survival Guides treue Freunde und Helfer! Sei es nun bei der Vorbereitung auf das Unbekannte an sich, dem richtigen Umgang mit einer bestimmten brenzligen Situation im Besonderen ... oder einfach nur, wenn ich ein außergewöhnliches Abenteuer erleben wollte. Bisher bin ich immer unbeschadet von all meinen Aufenthalten in der Fremde zurückgekehrt; *ohne* diese Bücher wäre das aber wohl eher nicht geschehen!

Wer ich bin? Ich würde mich selbst als *gut globalisierten Nordling* bezeichnen: Offiziell bin ich »geborener Hamburger« – aber einer, der in einem der ländlichen Randgebiete der Stadt aufgewachsen ist. Vertraut also sowohl mit dem urbanen *Leben* in norddeutschen Metropolen – wie auch mit dem *Überleben* in der Wildnis rundherum.

Erzogen wurde ich im liberalen weltoffenen, hanseatischen Geist; zugleich bin ich aber auch verwurzelt in der ... recht *speziellen* (das Wort »eingeschränkt« will ich gern vermeiden) Weltsicht der Tieflandbewohner. Jener also, die Außenstehenden bis heute seltsam und unverständlich anmutet.

Wie schon erwähnt, reiste ich recht oft in die weite Welt jenseits der Mittelgebirge, um dort Kultur, Sprache und Lebensweise anderer Völker kennenzulernen. An einigen Orten hätte ich sogar bleiben können – doch am Ende zog es mich immer wieder zurück zum hohen Nordhimmel meiner windigen, verregneten Heimat. *Ich denk nun mal, dat sind ganz manierliche Vorraussetzungen für so 'n Sabbelheini wie mich, um euch Badegäste sicher durch unser Plattland zu lotsen ...*

Womit wir beim nächsten Thema wären: Um Sie auf jene »Sprache«, in der etliche meiner Landsleute im Alltag kommunizieren *(und die sehr vom Hochdeutschen abweichen kann!)*, schonend vorzubereiten, erlaube ich mir gelegentlich, diese auch in meinen Texten zu benutzen *(meist in abgemilderter Form)*. Wundern Sie sich also bitte nicht, wenn Ihnen hier gelegentlich manches Spanisch ... nein: *Norddeutsch!* vorkommt!

Einem Wort der Region werden Sie ständig begegnen – meine Großmutter hat es mich nämlich gelehrt und ich mag es einfach sehr: **BADEGAST**.

Der Begriff entstand Anfang des 19. Jahrhunderts, als urplötzlich begüterte Städter des Südens an den Nordseestränden auftauchten, um dort – zum Erstaunen der eher wasserscheuen Ureinwohner – in die kalte See zu stapfen. Und das nur, weil irgendwelche Medizingurus ihrer Zeit die Idee hatten, ein Bad im salzigen Wasser könnte *unter Umständen* gesund sein ...

»Büsch ja dumm wie 'n Badegast!«, unkten die Küstenbewohner zunächst darüber. Dann aber machten sie das große Geld mit den Badenden – und schwiegen fortan lieber. Das *B-Wort* blieb jedoch weiter im kollektiven Gedächtnis des Nordens hängen. Allerdings wandelte sich seine Bedeutung im Lauf der Zeit und verlor dabei fast vollständig seine – eher negative – Konnotation.

Heute umschreibt man bei uns im Norden damit einfach nur Menschen, die nicht aus unserer Gegend stammen – dort aber waren oder sind. Ausnahmslos, geschlechtsneutral und wertungsfrei. Die Synonyme dazu sind also ausgesprochen zahlreich: *Fremder, Besucher, Ausländer, Tourist, Bayer, Alien, Gast, Gastarbeiter, Aussiedler, Skandinavier, Reisender, Camper, Backpacker, Schwabe, Reptiloider, Traveller, Einwanderer, Italiener, Pauschalreisender, Kurgast, Argentinier, Staatsgast, Angeschwemmter …* und noch vieles, vieles mehr.

Natürlich darf es in einem Buch wie diesem an **KONKRETEN VERHALTENSREGELN FÜR LANDESTYPISCHE GEFAHRENSITUATIONEN** – Begegnungen mit einem Gonger zum Beispiel – nicht fehlen. Ist es aber dafür nicht am besten, sie – wie auch das ganze Land an sich – so zu sehen, zu fühlen und zu begreifen wie ein norddeutscher Ureinwohner? Schließlich haben er und seinesgleichen hier mit ihrer Sicht auf die Dinge bereits seit Jahrtausenden überlebt! Ein Gespür für die vertrackte Sache mit Ebbe und Flut ist ihm so angeboren wie einem Wall-Street-Broker jenes für das Auf und Nieder der Aktienkurven. Er wittert beim Wasserlassen den Wind als einen ebenso realen Gegner wie der Massaijäger beim kleinen Geschäft den lauernden Löwen im Busch …

Der Nordling weiß mit seinen Gaben zielsicher das Überleben in der Wildnis zu sichern. Und auch Sie sollen eine Ahnung davon bekommen!

Zu einem **ANGENEHMEN ÜBERLEBEN** gehört es meiner Ansicht nach aber auch, mit den Menschen des fremden Landes friedlich zu koexistieren. Daher gehe ich ausführlicher, als es die meisten anderen Reiseführer tun, auf die Be- und Empfindlichkeiten von uns Norddeutschen ein *(die manchmal stark von der globalen Norm abweichen)*, versuche, sie euch Badegästen so gut wie möglich im historischen, geografischen und kulturellen Kontext zu erklären. Das Notwendigste dazu in den ersten Kapiteln, für die wirklich Interessierten am Ende auch noch ein wenig Zusatzwissen, mit dem man im interkulturellen Austausch sicher punkten kann *(es gäbe da noch viel mehr zu erzählen – aber dazu bedürfte es noch einiger weiterer Bücher …)*.

Wer nach dieser Lektüre aber immer noch »Guten Moin« sagt, wird Odin im Moor geopfert. Oder kriegt eine Extrakurtaxe aufgebrummt.

Für alle Freunde des **EXTREMEN ÜBERLEBENS** habe ich noch ein Kapitel über knallharte Abenteuer, wie man sie nur im Norden bestehen kann, beigefügt. Wer einem dieser Ausflugstipps der besonderen Art folgt, kann erproben, ob dieses Buch etwas taugt... Viel Glück!

Ich würde mich freuen, wenn Sie durch dieses Werk einen angenehmen Aufenthalt in meiner zauberhaften Heimat haben und unbeschadet nach Hause zurückkehren – um noch ihren Kindeskindern nur Gutes von meinem wundersamen Land im Norden zu erzählen. Also: **HOL DI STIEF!** – wie man bei uns so sagt.

Herzlichst
Ihr
Ulfert Becker

KLEINE LANDESKUNDE

Geestlandschaften erstrecken sich über alle norddeutschen Bundesländer, hier in Schleswig-Holstein

DAS NORDKOREA NORDDEUTSCHLANDS

Norddeutschland teilt sich vornehmlich in zwei Regionen auf, die ungefähr so unterschiedlich sind wie Nord- und Südkorea. Der Unterschied zwischen den beiden Koreas und den beiden Norddeutschlands liegt vor allem darin, dass sich durch letztere keine schwer bewachte Grenzanlage zieht. Na gut, das Klima ist noch ein wenig anders, die Landschaft unterscheidet sich auch komplett, Norddeutsche essen nicht mit Stäbchen, drohen nicht mit dem Atomkrieg ... und noch ein paar andere Nebensächlichkeiten. Trotzdem können *Marsch* und *Geest* nicht unterschiedlicher sein als Nord- und Südkorea.

Die *Marsch* ist das flache Land, das nur knapp über dem Meeresspiegel an den westlichen Küsten und in den Ebenen der großen Flüsse, die in die Nordsee münden, liegt. Plattes Land eben, das einen sehr fruchtbaren Boden aufweist. Den mögen Pflanzen deshalb so gern, weil er gerade erst – wir reden hier erdgeschichtlich, meinen also »nur« ein paar Tausend Jahre – aus Meeresboden entstanden ist und noch voller Muschelkalk, organischen Resten und anderem Düngerkram steckt. »Man braucht da nur den Daumen reinzustecken und schon wächst was!«, sagen die Marschbauern stolz. Gefahren durch Winterfröste gibt es kaum, da die Gegend dauerhaft durch das nahe, vom Golfstrom aufgeheizte Meer warm gehalten wird. Dafür kommt im Sommer von der See immer ein kühlender Wind und genügend Regen. Der einzige Wermutstropfen – neben *zu viel* Regen – ist, dass das Land durch Deiche vor Sturmfluten geschützt werden muss, was ziemlich hohe Kosten verursacht. Aber gut, die Sache lohnt sich, weil hier enorm hohe Ernteerträge sicher sind. Entsprechend sind Marschbewohner immer schon recht begütert gewesen und konnten sich daher einen eigenen Kopf leisten. So hatten die Dithmarscher bis ins 16. Jahrhundert eine Art Bauernrepublik ohne fremde Herrscher. Die Vierländer fügten im 19. Jahrhundert ihrer traditionellen Kniebundhosentracht als Kopfbedeckung standesstolz einen eleganten Zylinder hinzu, wie er sonst nur den feinen Städtern vorbehalten war. Ungefähr zur gleichen Zeit kam auch die Mode auf, vor die Eingänge der alten Reetdachhäuser in der Marsch pompöse griechische Säulen zu stellen, um zu zeigen, dass man durchaus weltoffen, an neuster Mode interessiert, kein simpler Bauer und vor allem: solvent war. Aus heutiger Sicht mag das etwas neureich wirken; aber nur wer in diesem Augenblick gerade nicht neidisch auf den Porsche des Nachbarn schielt, werfe den ersten Stein! Trotzdem muss man konstatieren, dass die Landwirte der Marsch ziemlich borniert waren; bis ins 20. Jahrhundert hinein galt es als unschicklich, beim Liebesspiel »Bauer sucht Frau« bzw. »Landwirtstochter sucht Gatten« einen zukünftigen Lebenspartner aus der *Geest* zu suchen. Geest geht für einen Marschländer nämlich gar nicht. Allein schon der Name! Der kommt vom plattdeutschen Wort »gest«, was »trocken« und »unfruchtbar« bedeutet – und aus Tiefländersicht ist die Geest tatsächlich so. Hier ist der Boden sandiger, nicht besonders nährstoffreich. Zudem fließt das Regenwasser durch den Sand schnell ab und das Grün verdurstet bereits nach kurzen Trockenperioden. Erfolgreicher Ackerbau ist nur begrenzt möglich – weshalb die Geestbauern immer als die armen Verwandten betrachtet wurden, die man bloß nicht heiraten sollte. Wie eben auch niemanden aus Nordkorea – denn das ist ja auch bitterarm. Damit schlossen die Märschler freilich einen großen Teil der Norddeutschen als potenzielle Geschlechtsgenossen aus. Weite Teile Niedersachsens und Mecklenburg-Vorpommerns sowie große Regionen Schleswig-Holsteins gehören nämlich zur Geest.

Dabei hat diese Landschaft, die durch die Gletscher der Eiszeit ausgeformt wurde, durchaus auch ihre Vorteile, liegt sie doch im Schnitt ein paar Meter höher als die Marsch und ist damit vor etwaigen Fluten geschützt. Aus diesem Grund siedelten sich die ersten Norddeutschen auch hier an, nicht in den Feuchtgebieten der Marsch. Bereits vor rund 5000 Jahren – die ersten Marscheroberer waren gerade einmal ein paar Meter vom Geestrand weggekommen und steckten damit schon im matschigen Boden fest – wurden hier Großsteingräber aus gigantischen Findlingen errichtet; rund 900 dieser Zeugen einer ersten Nordkultur kann man noch heute besuchen. Die Bauwerke, die in den Jahrtausenden danach entstanden, beweisen, dass man auch in der Geest durchaus dauerhaft überleben kann.

Heute ist es eh relativ egal, ob man nun in der Marsch oder Geest seinen Hof hat: Dank der modernen Landwirtschaft ist der norddeutsche Ackerboden überall fast gleich fruchtbar. Und in den Dörfern und Städten herrschen überall die gleichen Moden der Globalisierung. Wie überall auf der Welt – bis auf Nordkorea.

Eine so grandiose Deichaussicht wie hier auf die Nordsee bei Husum in Schleswig-Holstein kann man im Norden vielerorts genießen

Der Vollständigkeit halber seien hier noch die zwei anderen norddeutschen Landschaftsformen, die wir bisher ausgelassen haben, wenigstens erwähnt: In Schleswig-Holstein gibt es noch die wunderbare Kombination aus Marsch und Geest, die *Endmoränenlandschaft*. Aufgetürmt von den eiszeitlichen Gletscherfüßen findet sich hier hügeliges Ackerland mit gutem Boden, das hoch genug liegt, um von Meeresfluten nicht gefährdet zu sein. Und dann sind da noch die Mittelgebirge im südlichen Niedersachsen – aber das ist nun wieder eine ganz andere Geschichte, die schon nicht mehr so ganz norddeutsch ist …

DIE HOCHGEBIRGE DER FLACHLÄNDER

Lieblich liegt das Vorland da: In saftigem Grün erstrahlen die Wiesen und Weiden, glückliche Kühe weiden fleißig das üppige Gras in der Morgendämmerung, um uns alsbald ihre köstliche Milch zu schenken. Ein Idyll des Friedens. Der Wandersmann möchte verweilen – doch es drängt ihn weiter, zu Höherem, zu den Gipfeln. Dort, unter den Strahlen der gerade aufgehenden Sonne, ragen sie majestätisch empor. Nur wer sie jemals selbst bezwungen hat, weiß, welches Gefühl der Freiheit und Unendlichkeit den mutigen Bergsteiger dort oben erwartet. Doch zuvor gilt es, einige Strapazen zu erdulden. Ein wenig stockt der Mut des Wanderers, wenn er am Fuße der Giganten angelangt ist: Demütig schaut er hinauf zu ihrer Spitze, wissend, dass es nicht ganz ungefährlich ist, sie zu erklimmen. Vorsichtig wird das kleine Türchen im Zaun geöffnet, das Schafe und anderes Berggetier in seinen luftigen Reservaten hält. Vorsichtig werden nun die Schritte auf dem schmalen Pfad gesetzt – bergauf, immer weiter bergauf! Mühsam ist das Erklimmen des steilen Weges, bald schon wird die Luft dünner. Eine Rast ist nötig auf halber Höhe. Doch welch ein Blick über das weite Land wird einem hier bereits geboten, wie klein wirken die Welt und alle ihre Sorgen bereits von hier! Wie mag es erst sein, wenn der Gipfel erklommen ist? Weiter also, hinauf! Das Ziel rückt näher und näher. Endlich – die Kräfte sind fast vollkommen aufgezehrt – die letzten Meter. Der Himmel jenseits der Kuppe ist zum Greifen nahe, drei Schritte noch, zwei, einer ... jetzt! Die Titanentat ist vollbracht! Der Held steht glücklich in luftigen Höhen, weit über den profanen Dingen da unten. Vor ihm erstreckt sich das blaue Meer in die Unendlichkeit *(je nach Tidenkalender kann es allerdings auch die endlose Schlammwüste des Watts sein ...)*.

Hinter dem Wagemutigen die norddeutsche Tiefebene, Grasland bis zum Horizont. Es mag einen schwindeln bei dieser Perspektive, die sonst nur dem Vogel zuteilwird. Doch der Triumph, hierher, auf den höchsten Erdenpunkt in einem Umkreis von unzähligen Kilometern gekommen zu sein, lässt alles Unwohlsein schnell wieder vergehen: *Acht Meter Höhenunterschied* sind überwunden.

Das ist hoch, sehr hoch für einen Norddeutschen, der in der Marsch – die sich kaum mehr als einige Zentimeter über den Meeresspiegel erhebt – geboren wurde und zum ersten Mal einen Deich erklimmt. In seiner Wahrnehmung sind selbst die Gipfel des Himalaja nur unwesentlich höher. Doch nicht nur das Wissen um die sportliche Leistung, es so weit nach oben gebracht zu haben, füllt das Herz so eines Deichbesteigers mit Stolz, nein: auch das Wissen darum, dass dieses Nordgebirge allein von Menschenhand erschaffen wurde! Mutige Vorfahren begannen bereits im späten Mittelalter, dem wütenden Meer mit solchen Bollwerken zu trotzen. Denn ohne die Deiche würden die Fluten salzigen Wassers immer wieder den fruchtbaren Boden der Ebene verderben und keines Menschen Leben hier erlauben. *De nich will dieken, de mutt wieken* – »Wer nicht eindeichen will, der muss weichen« –, so lautet der trutzige Kampfruf der norddeutschen Tiefländer seit Jahrhunderten. Und seit Jahrhunderten werden nach dem System »Versuch und Irrtum« immer festere, breitere und höhere Deiche gebaut. Ein Irrtum war es zum Beispiel, dass die Wälle im 17. Jahrhundert nur drei Meter hoch waren: Einige bösartige Sturmfluten mit so hübschen Namen wie »Mandränke« oder »Weihnachtsflut« schwappten da einfach drüber – und Abertausende mussten ihr Leben lassen. Also wurde aufgestockt. Heute, im Zeitalter des Klimawandels, denkt man sogar schon über zehn Meter hohe Bauwerke nach – obwohl in den letzten 40 Jahren die modernen Achtmeterdämme der Küste allen Fluten standhielten.

Mit einem gewissen Grauen denkt unser Wandersmann auf der Deichkrone daran, welche Mühsal wohl die Besteigung eines Zehnmetergiganten mit sich bringen würde. Aber – ach was! Auch diese Tat wird ihm gelingen! Doch zunächst gilt es, den gefahrvollen Abstieg hin zum wohlverdienten Deichbezwingerbier zu meistern. Nicht auszudenken, wenn man auf einem frischen Schafsköttel ausrutschte und in die Tiefe fiele! Ein munteres Lied hilft da, alle Furcht fahren zu lassen ... Also jetzt alle zusammen: Beim Deichesglühen heimwärts wir ziehen / Deichvagabunden sind wir, ja wiiiir ...

DAS WETTER – AUS TYPISCH NORDDEUTSCHER SICHT

Es ist eine lauschige Sommernacht. Lauschig ist sie aber nur deshalb, weil wir gerade eben die Heizung angestellt haben. Draußen prasselt ein Dauerregen, das Thermometer zeigt 12°C. Es ist Anfang Juli – aber das Wetter unterscheidet sich kaum von jenem, das wir bereits Ende Februar hatten. Ein Südländer, der hier im Norden zu Gast sein mag, beginnt sicher nun bald irgendwann, nach den übrig gebliebenen Psychopharmaka seines letzten Depressionsanfalls zu suchen. Oder nach der Pistole, mit der sich schon sein Onkel das Leben nahm. Bestenfalls bucht er einen Flug, der ihn einfach wieder nach Süden bringt.

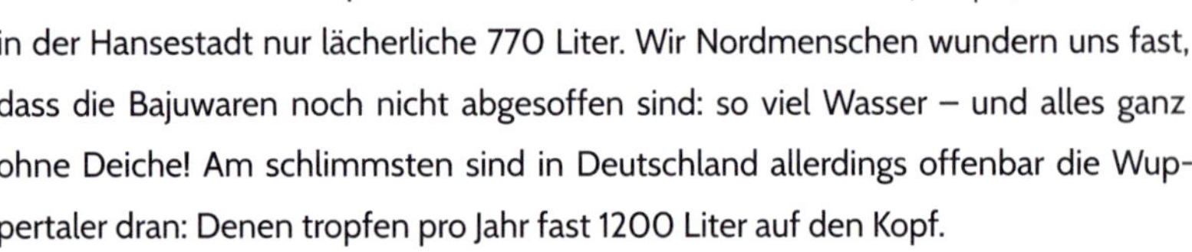

Der Festivalboden beim MS Dockville auf der Hamburger Elbinsel in Wilhelmsburg sieht dann doch gut und gerne häufig so aus.

Wir Norddeutschen haben all dies nicht nötig. Wir gehen einfach ins Internet, schauen auf die Statistiken – und sehen, dass hier, wo wir gerade sind, einfach der tollste Platz zum Leben ist. Weil es an anderen Orten nämlich noch viel schlimmer sein kann. In diesem obskuren München zum Beispiel: von wegen »sonniger Süden«!

Die Bayern dort haben nämlich ähnlich viele Regentage wie wir Hamburger – bummelig 130 pro Jahr. Aber dabei gehen im Schnitt 860 Liter Wasser pro Quadratmeter herunter – in der Hansestadt nur lächerliche 770 Liter. Wir Nordmenschen wundern uns fast, dass die Bajuwaren noch nicht abgesoffen sind: so viel Wasser – und alles ganz ohne Deiche! Am schlimmsten sind in Deutschland allerdings offenbar die Wuppertaler dran: Denen tropfen pro Jahr fast 1200 Liter auf den Kopf.

Und dann dieses unsinnige Vorurteil, der Norden sei kalt! Angenehme 17° C Durchschnittstemperatur haben wir hier – im Juli. Das ist doch geradezu tropisch angesichts der -45,9° C, die am Heiligabend 2001 im bayrischen Funtensee herrschten! Kälter war es seit Beginn der Wetteraufzeichnungen in ganz Deutschland allerdings noch nicht. Bei den Menschen, die anderswo auf dem ungefähr gleichen Breitengrad wie wir wohnen, jedoch schon: in Alaska zum Beispiel oder am Baikalsee in Sibirien – in beiden kann es im Winter mit bis zu -50° C empfindlich kalt werden! Kuschelige Wärme also in Norddeutschland – dem Golfstrom sei Dank! 9° C im Mai … damit würde so mancher Sibirier schon ins Schwitzen kommen.

Dann aber erst unsere gute Luft! Mit ihren herrlichen Aromen von Seesalz, fruchtbarem Landboden, grünen Blättern und Regentropfen! Gut aufgerührt durch die Winde, die ständig über unsere Tiefebene streichen – und allen Schiet in der Luft vornehmlich nach Südosten blasen. Rußpartikel und Co – da weiß der Norddeutsche doch erst mal gar nicht, was damit gemeint ist. Und warum er für sein Auto irgendeine Plakette braucht. Bis dann ein Kreuzfahrtschiff vorbeifährt und die weiße Tischdecke auf dem Balkon plötzlich grau ist ... Noch ein Blick ins Internet. Na gut: Ganz da unten, in den Alpen, soll die Luft ähnlich sauber sein. Aber da ist es ja viel kälter als hier, es kommt mehr Regen runter und Berge sind da auch noch ... Nee, nee, denken wir Norddeutschen uns dann: So richtig »prima Klima« ist doch genau hier, wo wir immer schon gelebt haben!

DIE TIERWELT DES NORDENS

DIE MEISTGESEHENEN

Überall in den Weiten der nordischen Tiefebene, wo sich das Grasland bis in die Unendlichkeit zu erstrecken scheint, findet man gewaltige Herden von schwarz- oder rotbuntem Hornvieh. Es handelt sich zumeist um **HOLSTEIN-RINDER**, eine der weltweit bedeutendsten Milchviehrassen. Suggeriert ihr Name auch, dass sie schon immer hier gegrast haben, so sind es doch in Wahrheit Einwanderer aus der Neuen Welt. Die allerdings norddeutsche Wurzeln haben ... Die Tiere, die wir heute sehen, stammen nämlich aus Nordamerika; sie wurden dort jedoch aus alten Rassen des Nordens gezüchtet, die Aussiedler aus Friesland, Schleswig-Holstein und Niedersachsen bereits Ende des 17. Jahrhunderts in die Neue Welt mitgebracht hatten. In Sachen Milchproduktion ist die Züchtung unübertroffen, sie verbreitet sich immer mehr über die ganze Welt. Als »Re-Import« gelangte sie erst Mitte des 20. Jahrhunderts wieder zurück nach Norddeutschland und verdrängt seither zunehmend das alteingesessene **SCHWARZBUNTE NIEDERUNGSRIND**. Dieses ist kleiner als sein Konkurrent, gibt daher also auch weniger Milch, ist allerdings genügsamer und zäher. So hält man es sich gern als Zweitrind für alle Fälle. Dieses Modell ist jedoch nur in klassischem Schwarz-Weiß zu haben – will man modisches Braungesprenkeltes, muss man auf die Importe aus den USA oder Kanada zurückgreifen.

DIE POLAREN

Südländer denken oft, Norddeutschland läge irgendwo am Polarkreis, Eisberge würden hier auf dem Meer treiben und Schnee 300 Tage im Jahr liegen. Und noch mehr

Eine Kegelrobbe hat sich an den Hamburger Elbstrand verirrt

Menschen meinen, Robben und Seehunde würden sich in genau solchen Regionen herumtreiben. Das ist natürlich alles Quatsch – bis auf den Fakt, dass sich die Meeressäuger durchaus gern in Norddeutschland aufhalten. Sie tummeln sich zuhauf vor den Badeorten der Nordsee, auch in der Ostsee gibt es einige Exemplare. Selbst auf abgelegenen Stränden der Niederelbe sonnen sich die Wasserraubtiere genüsslich – und springen gelegentlich in den Fluss, um ein vorbeifahrendes Segelboot neugierig zu inspizieren. Manchmal sind sie sogar im Hamburger Hafen zu sehen – dort allerdings versucht man, sie so schnell wie möglich einzufangen und aus dieser Gefahrenzone mit ihren Schiffsschrauben und Abwässern zu bringen.

An der Nordseeküste gibt es jedoch mehrere Orte, an denen man Seehunde und Robben in aller Ruhe beobachten kann. Oft allerdings nur mit dem Fernglas, von einem Schiff aus. Nur auf Helgoland kann man den Strand mit ihnen teilen – muss aber einige Regeln des ansässigen **VEREINS JORDSAND ZUM SCHUTZE DER SEEVÖGEL UND DER NATUR E. V.** streng beachten. Jene zum Beispiel, dass man den Tieren niemals näher als 30 Meter kommen darf – geschweige denn, ein Robbenbaby, das gerade auf seine Mama wartet, gar zu streicheln. Die Einhaltung dieser Regeln ist relativ einfach, da die scheuen Tiere meist mit einem Plumps im Wasser verschwinden, wenn sich Menschen nähern.

DIE SCHNELLEN

Mit Spitzengeschwindigkeiten bis zu 55 km/h gehören sie eindeutig zur Turbotruppe im Tierreich: **SCHWEINSWALE**!

Wale in Norddeutschland??? Ja, es gibt sie tatsächlich – und ihre Zahl nimmt sogar langsam zu! Seit einigen Jahren werden in der Elbe immer mehr dieser Meeressäuger beobachtet, die teilweise sogar dauerhafte Verbände mit sechs Tieren bilden; vor der Ostseeküste schätzt man ihren Bestand derzeit immerhin auf 300 Individuen. Um Enttäuschungen gleich vorwegzunehmen: Erwarten Sie bitte nicht tonnenschwere Kolosse von 30 Metern Länge wie in einer Moby-Dick-Verfilmung! Schweinswale gehören zwar offiziell zur Familie der Wale – werden aber nur bis zu 2,50 Meter lang und 200 Kilogramm schwer; sie ähneln im Körperbau eher den Delfinen – mit denen sie eng verwandt sind – als den gigantischen Blauwalen (die für sie nur eine Art Schwippschwager darstellen). Ob sich der Aufwärtstrend ihrer Verbreitung wirklich auf Dauer fortsetzt, steht allerdings infrage: Die Tiere sind extrem hellhörig und in der Lage, Ultraschall zur Echoortung einzusetzen. Sie können sich über weite Distanzen mit einer Art Sprache aus Klick- und Pfeiflauten untereinander verständigen. Der Unterwasserlärm, den die Menschen zunehmend mit Schiffsmotoren, seismischen Ortungen oder U-Boot-Echoloten verursachen, stresst sie also gewaltig; manchmal verlieren sie dadurch sogar ihren Ortungssinn. Die Zahl der Totfunde von Schweinswalen an der Ostseeküste ist jedenfalls ähnlich gestiegen wie jene der Sichtung neuer Populationen in der Elbe.

DIE LECKEREN

Schon der Name zergeht einem auf der Zunge: **BAD BENTHEIMER BUNTSAU**! Sofort läuft beim Klang dieses Namens dem Feinschmecker das Wasser im Munde zusammen: feinstes Fleisch, durchzogen von relativ viel Fett! Appetitlich schon beim puren Ansehen, wunderbar zu braten, geschmacklich ein Gedicht. Nicht zu vergleichen mit allem, was sich in der Theke eines üblichen Metzgers tummelt. Aber ach! Wie an so viele andere wahre Delikatessen auch kommt man an das Fleisch dieses Tieres nur sehr schwer heran. Das **BUNTE BENTHEIMER SCHWEIN** (so der offizielle Name) ist nämlich vom Aussterben bedroht.

Dabei fing seine Geschichte so vielversprechend an: Mitte des 19. Jahrhunderts kam es im westlichen Niedersachsen – damals wie heute ein Zentrum der Schweinezucht – in Mode, sich neben den Herden der üblichen langweilig weißen Landschweinrassen möglichst viele putzige Paarhuferindividualisten mit bunt geschecktem Kleid zu halten. Sie tauchten immer mal wieder in einem Wurf auf; sei es nun durch eines der vielen Mirakel der mendelschen Vererbungslehre – oder weil eine der Zuchtsauen heimlich mit einem Wildschweineber unzüchtig war. Der Markt reagierte schnell auf diesen Trend: Weil sich die begehrten »Bunten« teurer als die normalen Borstenviecher verkaufen ließen, setzte man alles daran, diese in großem Maßstab zu züchten. So manches ordinäre Marschschwein wurde also mit einem aus einer der gefleckten Rassen des fernen Englands verkuppelt. Und nur jene Ferkelchen aus einem Wurf, die fleckig und schlappohrig waren, hatten die Chance, ihre Gene weiterzugeben. Das Ergebnis dieser Anstrengung war über die Maßen glücklich; es entstand nämlich eine ganz neue Rasse: fruchtbar, genügsam, stressresistent, anspruchslos, mutterlieb … und auch noch ausgesprochen wohlschmeckend! Bentheimer Bunte eben. Ein Jahrhundert lang dominierten sie den deutschen Markt, ihre Koteletts und Braten galten als Standard für die Küche. Dann aber veränderten sich die Verbrauchergewohnheiten: Fettärmeres Fleisch war auf einmal gefragt, dies aber bitte billig und in rauen Mengen. Das Bentheimer wurde rasch verdrängt durch neue Züchtungen, die zugeschnitten waren auf die gewandelte Nachfrage und eine Produktion in industriellem Maßstab. Das traurige Zeugs also, das heute noch überall in den Kühltruhen der Supermärkte liegt … Doch der Appetit der Fleischesser wandelt sich glücklicherweise in den letzten Jahren, statt Masse wird wieder zunehmend Klasse verlangt. Die Nachkommen der letzten 100 Zuchttiere in Bentheim-Bunt, die es um 1990 nur noch gab, geben seitdem ihr Bestes für ein Comeback ihrer Rasse.

DIE SELTENEN VÖGEL

Eine bullige Gestalt sitzt am Rande eines Elbseitenarms auf einem Wasserzeichen. Hat sich ein zu eckig geratenes Kleinkind hierher verirrt? Nein, das ist eher ein Kobold, denn da kommen jetzt gewaltige Klauen zum Vorschein! Beim Näherkommen springt das Wesen plötzlich von dem Pfahl ab, entfaltet gewaltige Schwingen und fliegt mit majestätischer Gelassenheit rauschend über uns hinweg. Wer einmal einen **SEEADLER** in freier Wildbahn erlebt hat, wird seinen Anblick nie wieder vergessen. Der Körper des Vogels kann bis zu einem Meter groß werden, seine Flügelspannweite bis zu 2,50 Meter reichen. Aus der Ferne könnte man ihn fast mit einem Kleinflugzeug verwechseln, wäre sein Flug nicht so unendlich viel eleganter als jener einer ordinären Propellermaschine. Bis Ende des 20. Jahrhunderts glaubte man den Vogel in Norddeutschland schon fast ausgestorben; durch umfangreiche Schutzmaßnahmen jedoch konnten sich die Bestände der Seeadler wieder erholen. Mehr als 700 Brutpaare wurden 2018 gezählt, über die Hälfte davon in Mecklenburg-Vorpommern.

Auch andere verloren geglaubte Vogelarten wie Falken und Bussarde sind wieder an den nordischen Himmel zurückgekehrt. Die Raubvögel erobern sich gar neue Lebensräume wie die Zentren der Städte; so nisten in vielen der hohen Kirchtürme Hamburgs bereits seit Jahren Wanderfalken. Nahrung finden sie hier genug: Die City ist voll mit Tauben – für die schnellen Jäger eine leichte Beute.

Eine andere Vogelart, die vor Kurzem noch zum Stadtbild gehörte wie die Alster, ist dafür aber fast vom Aussterben bedroht: der Spatz! Hoffen wir, dass auch für diesen kecken kleinen Insektenfresser bald Rettungsmaßnahmen eingeleitet werden ...

ALLES ÜBER DUCKDALBEN

Als ich zu Einbruch der Dämmerung so dicht am Wattenmeere entlangritt, da huschte ein graues Geflügel auf und zog nun neben dem Wasser einher.
Ein Schwarm Duckdalben war es, das Vogelrufen in der Ferne langsam verklang.
Ein letzter Hall noch – dann schweiget auch der Wind.

(Th. Sturm, »Am grauen Meer«, 1864)

Die **DUCKDALBE** (lat: *Duckdalbis vulgaris*) gehört zur Familie der *Regenpfeifervögel* und ist ein langflügeliger, meist hellgrau gefärbter *Schwimmvogel* mit kräftigem rotem Schnabel und gelben Krallen, zwischen deren Vorderzehen sich Schwimmhäute befinden. Er kommt vor allem an den Meeresküsten von Schleswig-Holstein, Niedersachsen und Mecklenburg-Vorpommern, zum Teil aber auch an den nahe gelegenen Binnengewässern und Flüssen sowie in den Grenzgebieten der Nachbarländer vor. Die Duckdalben sind untereinander sehr gesellig und brüten häufig in Kolonien. Sie ernähren sich von Unwissen aller Art, vor allem aber von der Phantasie jener, die glauben, es handele sich hier wirklich um einen Vogel …

Sie sehen, lieber Leser: Zu den Unarten der Norddeutschen gehört es, Badegästen ab und an einmal Unfug zu erzählen – wie gerade geschehen. Der schweigsamste Nordling wird plötzlich zur Sabbeltasche, wenn er merkt, dass Besucher aus der Fremde auch noch den größten Blödsinn für bare Münze nehmen.

TIPP: SEIEN SIE IMMER MISSTRAUISCH, WENN NORDDEUTSCHE UNGEWÖHNLICH VIEL REDEN!

Um die Gesprächshoheit bei Konversationen mit Ureinwohnern immer zu bewahren, sollte Ihr Wissen um regionale Fachwörter möglichst umfangreich sein. Sollten Sie dennoch einmal unsicher sein: Zögern Sie nicht, – diskret! – im Wörterbuch Ihrer Expedition oder (falls dies nicht zur Hand ist) im Internet zu recherchieren! (Mobiler Netzempfang ist inzwischen tatsächlich in der norddeutschen Tiefebene oft möglich – allerdings dauert der Aufbau einer Seite manchmal noch zwei Tage …) Tun Sie danach so, als sei der umstrittene Ausdruck einer der ersten, den sie überhaupt erlernt haben – denn der Norddeutsche schätzt Wissen und Sachkompetenz! So macht man sich hier Freunde, bekommt ein Lütt un Lütt ausgegeben oder wird unverhofft mit einer Bürgermeistertochter vermählt!

Im Fall der Duckdalben sollte man seine Erwiderung also ungefähr so formulieren:

Duckdalben? Das ist doch so eine Gruppe von ins Wasser gerammten Pfählen, an denen man im Hafen die Schiffe festmacht.
Gut, es gibt auch ein paar Leute, die sagen »Dalbe«, »Dalle«, »Düükdalv« »Dälbe« oder noch anderes dazu. Aber die meisten dieser Pfähle stehen nun mal in Hamburg – und da sagt man zu den Dingern eben Duckdalbe.

Ursprünglich stammt der Ausdruck jedoch nicht aus dem Hamburger Platt, sondern aus der anderen großen Seefahrersprache, dem Niederländischen. Darin bedeutet *ducken* nämlich *sich neigen, eintauchen*. Und *dallen* sind einfach: *Pfähle*. Was zusammengenommen so etwas wie *eingetauchte Pfähle* ergibt – worum es sich ja auch tatsächlich handelt.

Duckdalben am Hafen von Rerik, Mecklenburg-Vorpommern

Duckdalbe klingt aber besser als *Tauchpfahl* – oder?

Exotisch, speziell, etwas spleenig ... also genau so, wie der Norddeutsche mit seinem feinen Sprachgefühl einen Fachausdruck schätzt!

Hübsch ist auch der folgende Duckdalbenfall: Auf einem Schriftstück aus dem Jahre 1740 werden die schnöden Pfähle mit keinem Geringeren als dem Herzog von Alba – besser bekannt als *Duque d'Alba* bzw. *Duc d'Alba* – in Verbindung gebracht. Dieser hatte Mitte des 17. Jahrhunderts im Auftrag der spanischen Krone einen Aufstand in den Niederlanden (damals zu Spanien gehörig) brutal niedergeschlagen und danach das Land mit äußerst fester Hand regiert. Ein paar Jahrzehnte später erhielt er posthum von den Hamburgern die fragwürdige Ehrung, dass sie ihre Festmacher im Hafen spöttisch *Duc d'Alben* nannten ...

Nu aber: Prost!*

*Grundsätzlich immer ein eleganter Abschluss für längere Ausführungen!

SABBELTÜCH UND ANDERE SPRACHLICHE FEINHEITEN

Plattdeutsch findet häufig noch Verwendung, wie hier auf einem selbst gemachten Verkehrsschild in einem Eigenheimwohngebiet; zu Hochdeutsch: »Betrunkene Nachbarn kriechen über die Straße«

IST PLATTDEUTSCH EINE EIGENE SPRACHE?

Hessisch, Bairisch, Badisch, Sächsisch ... all das sind *Dialekte*, also regionale, mundartliche Einfärbungen des Deutschen. Plattdeutsch (besser eigentlich: Niederdeutsch) jedoch ist eine ganz eigene *Sprache*.

Zumindest behaupten das jene rund vier Millionen Menschen, die »op Platt snacken« – also die Muttersprachler. Ein paar Sprachwissenschaftler halten allerdings dagegen, dass Platt nicht sooooo weit weg vom allgemeinen Deutschen entfernt sei, dass man es als eine eigene Sprache ansehen könnte.

Nun, darüber lässt sich streiten: Immerhin hat *Nedderdüütsch* eine Grammatik, die sich ziemlich von der hochdeutschen unterscheidet, eine ganze Menge eigene Wörter, die sich eher im Niederländischen (was ja anerkanntermaßen eine eigene Sprache ist!) als im Hochdeutschen wiederfinden lassen, und sogar ein paar Laute, die kaum ein Mensch sonst verwendet.

Der harmoniebedürftige Norddeutsche gibt im Zweifelsfall jedoch gerne zu, dass Plattdüütsch ein »interessanter Grenzfall« zwischen eigener Sprache und Dialekt sei. Dabei freut er sich insgeheim einfach nur, dass zum Beispiel ein Bayer sich zwar zur Not mit einem Sachsen im jeweiligen Dialekt verständigen kann, bei einem Plattsnacker aber vermutlich schnell resigniert – und vielleicht lieber auf Englisch ausweicht.

Ein nordfriesischer Bauer zum Beispiel kann mit einem Engländer durchaus via Platt kommunizieren – weil die Sprachen einen gemeinsamen Ursprung haben: das *Altsächsische.*

Dieses hat wenig mit der heutigen Region Sachsen zu tun. In der Völkerwanderungszeit, also vor bummelig 1600 Jahren, lebte ein gleichnamiger germanischer Volksstamm ungefähr in der Region des heutigen Holsteins. Irgendwann begannen dann diese Stammeskrieger, ihr Siedlungsgebiet in sonnigere Gefilde auszudehnen. Südlicher Stopp war erst bei den Mittelgebirgen – die dem Flachländer offenbar schon damals ein Graus waren. Im Westen war mit dem IJsselmeer die natürliche Grenze der Expansion erreicht, im Osten hielten die Slawen die Volksbewegung auf.

Weil ihre (Aus-)Wanderlust damit aber noch nicht befriedigt war, stiegen etliche Sachsen zusammen mit den Angeln, ihren Nachbarn aus der Region rund um Schleswig, auf ihre Schiffe und fuhren nach England, um sich dort anzusiedeln. Als »Angelsachsen« bezeichnen wir die Engländer ja noch heute.

Aus diesem Grunde ist die Sprache der »Cousins auf der Insel« sehr eng mit dem Platt verwandt. Allerdings flossen ins Englische noch viele weitere Idiome ein: Nach den Sachsen kamen als Eroberer die Wikinger aus Skandinavien, ab dem Jahre 1066 auch noch die Normannen aus Frankreich. Mal ganz abgesehen davon, dass auch die keltische Urbevölkerung sowie die Nachfahren der alten Römer, die dort drei Jahrhunderte ansässig waren, buchstäblich weiterhin etwas zu sagen hatten.

Im Norden Deutschlands jedoch geschah lange ... einfach nichts. Keine Invasion, keine Sprachexperimente, kein anderes Bier.

Das Niederdeutsche blieb einfach so, wie es war.

Damit separierten sich die Nordmenschen von der Sprachentwicklung der restlichen germanischen Stämme, bei denen zwischen dem 6. und dem 9. Jahrhundert die sogenannte *zweite Lautverschiebung* stattfand: Zum Beispiel wurde aus dem »p« ein »f«, aus dem »t« ein »s« und aus »th« ein »d« – alles Dinge, die den Klang des Hochdeutschen heute prägen.

Aber so einen neumodischen Kram wollte im Norden keiner haben.

Wozu auch? *Niederdeutsch* – dieser Name bezieht sich tatsächlich auf die Region des *flachen* Deutschlands – sprachen doch so viele! Es war im Mittelalter sogar offizielle Handelssprache der Hanse: Zwischen Hull in England, Riga im Osten, Bergen im Norden und Antwerpen im Süden befleißigte man sich bis ins 16. Jahrhundert hinein des Plattdeutschen. So wie heute Englisch – und wahrscheinlich schon bald Chinesisch – die Verkehrssprachen des internationalen Handels sind.

Mit dem Niedergang des Handelsbundes jedoch und der parallel damit einhergehenden Globalisierung kam mehr und mehr das Hochdeutsche, das Martin Luther geprägt hatte, in Gebrauch. Es galt als Sprache der Gebildeten.

Plattdüütsch aber wurde degradiert und zur Sprache des »einfachen Volkes« – darauf bezieht sich auch das »platt« in dem Wort an sich: Es bedeutet im Niederländischen, aus dem der Ausdruck stammt, nicht so sehr »flach« (für die Landschaft), sondern vielmehr »einfach« (für das gemeine Volk). Was aber selbst heute die Menschen im Norden nicht davon abhält, untereinander munter in dieser kraftvollen, uralten Sprache zu schnacken.

Rein juristisch hat das Niederdeutsche sogar einen gewissen Artenschutz: In Schleswig-Holstein darf man Anfragen an die Behörden auch *op Platt* stellen; diese müssen auch *op Platt* beantwortet werden. Und wenn man etwas beim Deutschen Patentamt anmelden will, darf die Gebrauchsanweisung für die Erfindung gern in Niederdeutsch sein. Allerdings muss dann eine beglaubigte hochdeutsche Übersetzung beiliegen. Was übrigens wiederum beweist, dass Platt tatsächlich eine eigene Sprache ist …

WELCHE WÖRTER MAN KENNEN MUSS

Die Norddeutschen benutzen eine ganze Menge von Wörtern, die es im regulären Hochdeutsch nicht gibt. Natürlich kommen viele davon aus dem Plattdeutschen, einige aber auch ganz anderswo her. Für Auswärtige sind diese Wörter oft unverständlich – zumal die meisten von ihnen in keinem Wörterbuch stehen. Aus diesem Grund habe ich hier einige essenzielle Vokabeln des Norddeutschen aufgelistet.

BADEGAST

s. Vorwort

BANGBÜX

»Angsthose« heißt die wörtliche Übersetzung dieses Wortes aus dem Plattdeutschen, gleichzusetzen mit dem Hochdeutschen *Angsthase*. Ist die Bedeutung im Hochdeutschen noch klar nachvollziehbar – man vergleicht einen ängstlichen Menschen mit dem Fluchttier Hase –, muss man bei dem niederdeutschen Ausdruck etwas um die Ecke denken. Ja, er ist wesentlich vulgärer: Denn hier geht es um jemanden, der sich vor Angst in die Hose macht.

BREGENKLÖTERIG

Von Plattdeutsch *Bregen* – »Hirn« oder auch »Intelligenz« – und *klüddern, klötern* – »Geräusche machen«. Das Wort bezeichnet einen Zustand, in dem man nicht mehr ganz klar im Kopf – also: *tüdelig (s. u.)* – ist.

BUMMELIG

Wir kennen das Wort in der hochdeutschen Bedeutung für »langsam«, »schwerfällig«. Der Norddeutsche benutzt es jedoch für einen ganz anderen Begriff. Er meint damit ein harmloses »ungefähr«, »circa« – was gelegentlich zu bösen Missverständnissen mit Nichtnorddeutschsprachigen führt.

DÖNTJES

Wurde vom plattdeutschen *doon* (oder auch *done*) abgeleitet, was eigentlich nur »Ton«, »Klang« bedeutet, als Synonym aber auch für »Musik(stück)« stehen kann. Mit der Diminutiv-Endung im Plural »-tjes« verändert das Wort aber noch einmal seine Bedeutung und steht nun für »Anekdote«, »lustige Geschichte« – aber auch für Erzählungen und Erklärungen, die mit (allzu) viel Phantasie angereichert werden. Bekannt für solche »Storys« sind zum Beispiel die Kapitäne von Hamburger Hafenrundfahrten, die fast jeden Badegast davon überzeugen können, dass Christoph Kolumbus ursprünglich aus der Hansestadt stammt und nur zufällig den Wilden Westen entdeckte, als er eigentlich den Seeweg nach Zürich suchte ...
(s. auch Kapitel Duckdalben*)*

DUMM TÜCH

Plattdeutsch für »dummes Zeug«, »Unsinn«. Im Norddeutschen ist dies eine absolute Killerphrase: Ist sie erst einmal über irgendeinen Fakt ausgesprochen, erübrigt sich jede weitere Diskussion über das Thema. Versuchen Sie bloß nicht, danach noch zu widersprechen!

DUSSELAMÄNG

Dieses Wort benutzt man als Redewendung, wenn man »Nun mal ganz langsam«

sagen möchte. Es ist eine Verballhornung des französischen *douce avec la main* – »ruhig mit der Hand«, die sich vermutlich während der Besatzung Norddeutschlands durch die napoleonischen Truppen Anfang des 19. Jahrhunderts entwickelt hat.

DUN (auch: **DUUN**)

Wörtlich »dicht«; Umschreibung für einen norddeutschen Idealzustand. Also so, wie man eben nach ein paar Lütt un Lütt ist.

FEUDEL

Ein höchst wichtiger Gegenstand des Hauhaltsalltags, der jenseits von Norddeutschland je nach Region »Aufwischfetzen«, »Aufwischlappen«, »Bodenfetzen«, »Bodentuch«, »Fetzen«, »Hader«, »Huder«, »Putzlappen«, «Scheuerhader«, »Scheuerlappen« und noch ganz anders heißt. Ein Feudel eben.

FISIMATENTEN

Auch dieses Wort stammt wohl aus der Zeit Napoleons. Die französischen Besatzungssoldaten luden wahrscheinlich mit *Visitez ma tente (»Besuchen Sie mein Zelt«)* junge Damen in ihr Zelt ein – warum, können Sie sich wohl denken. In der Aussprache norddeutsch eingefärbt entwickelte sich daraus ein allgemein gebräuchliches Synonym für »nicht ganz korrekte Sachen« bzw. »Ärger« – denn manche Jungfrau hatte wohl tatsächlich Ärger nach dem Zeltbesuch. Oder ein paar Münzen mehr in ihrer Tasche.

FIGGELINSCH

Wahrscheinlich abgeleitet aus dem mittelhochdeutschen *ficken*. Denken Sie jetzt aber bitte nicht in die falsche Richtung! Historisch gesehen bedeutet ... nämlich nur »hin- und herbewegen«, »reiben« oder auch »jucken«. Also vornehmlich das, was man tut, wenn etwas nicht gleich passt, man es mühsam an die richtige Stelle bringen muss und ... *NEIN! NEIN! NEIN! NICHT DAS!!!* Im Norddeutschen wurde daraus ein ganz harmloser Ausdruck für »schwierig«, »kompliziert«, »vertrackt«. Und jetzt denken Sie doch, an was Sie wollen ...

FOFFTEIN

Heißt wörtlich aus dem Platt übersetzt »fünfzehn«. Gemeint ist damit »15 Uhr« – was lange für Handwerker und Arbeiter die Stunde des Feierabends war. In diesem Zusammenhang wird das Wort noch heute gebraucht – auch wenn sich der allgemeine Feierabend schon längst auf 17 Uhr verschoben hat.

GEDÖNS

Leitet sich vom uralten Wort *gedense* ab, was so viel wie »Hin-und-her-Ziehen« oder »Gezerre« bedeutet. Im Norddeutschen haben sich daraus verschiedene Begrifflichkeiten gebildet, die nur aus dem Kontext erkenntlich sind. So kann *Gedöns* »(unnötiger) Aufstand«, »Wirbel (um nichts)« »Aufhebens«, »Umständliches«, »Überflüssiges« bedeuten – aber auch einfach nur »(lästiges) Zeugs«, »(unwichtige) Sachen«, »Krempel« ... Ein saloppes Alltagswort für »alles Mögliche« also. So bezeichnete 1998 der aus Niedersachsen stammende Bundeskanzler Gerhard Schröder einmal das *Ministerium für Familie, Senioren, Frauen und Jugend* als »Ministerium für Familie und Gedöns« – weil ihm gerade der komplette offizielle Titel entfallen war. Der Aufschrei im Süden war groß: Hier kannte man Gedöns nicht in allen Bedeutungen! Schröder blieb dennoch bis 2005 Kanzler.

KRÜSCH

Steht für »wählerisch«, aber auch »mäkelig«. Der Ursprung des Wortes ist nicht ganz genau geklärt. Möglich, dass es von dem plattdeutschen Wort *krüden* stammt, was so viel wie »jäten« oder »ausmisten« bedeutet. Vielleicht rührt es auch von einer Konsonantverdrehung des »Kürens« (also des »Hervorhebens«) her. Oder es ist ein genuschelt ausgesprochenes *kritisch* ... Aber da wollen wir mal nicht so krüsch sein.

LÜTT

Plattdeutsch für »klein«. Wichtig vor allem in der Doppelkombination *Lütt un Lütt* (s. eigenes Kapitel dazu).

MOIN

Es gibt darüber hier an anderer Stelle bereits ein ganzes Kapitel – aber man kann es nicht oft genug sagen und schreiben: Dieser bekannte norddeutsche Gruß hat nichts mit »Morgen« zu tun! Er kommt von dem friesischen Wort *moi* – und das heißt einfach nur »gut«. Daher kann man auch den ganzen Tag über *Moin* sagen.

RAMMDÖSIG

Ähnlich → **BREGENKLÖTERIG** – wobei dieses Wort aus ganz anderen plattdeutschen Wörtern zusammengesetzt ist. Aus *Ramm* für »Ramme« bzw. »besonders heftig« und *dösig*, was »schläfrig« oder »dumm« bedeuten kann. Daraus ergibt sich ein Zustand, der dem *Bregenklüdder* sehr ähnlich ist.

SCHIETBÜDEL

Zusammengesetzt aus den plattdeutschen Wörtern *Schiet*, »Fäkalie«, und *Büdel*, »Beutel«. Es handelt sich hier aber weder um eine Hygienehilfe für inkontinente Senioren noch um eine Campingtoilette, sondern um einen umgangssprachlichen Ausdruck für »Baby« oder »Kleinkind« – die ja aber bekanntlich auch eine *Windel* nötig haben...

SUTSCHE

Ist ein Lehnwort aus dem Friesischen, wo es so viel wie »ruhig«, »entspannt«, »langsam« bedeutet. Fatal wird es, wenn ein Siegerländer dieses Wort hört – für ihn bedeutet *Sutsche* nämlich »Matsch« oder »Soße«.

TÜDELN (auch: **TÜDELKRAM, RUMTÜDELN** etc.)

Stammt von dem landwirtschaftlichen niederdeutschen Wort *tüdern* – »zögern«, »zaudern« – ab. Inzwischen ist es eine sprachliche Allzweckwaffe mit vielen Sinndeutungen und Varianten: »sich umständlich mit etwas befassen«, »etwas durch vielfaches Umwinden befestigen«, »versehentlich nicht die Wahrheit sagen«, »geistig nicht auf der Höhe sein« u. v. a. m. Als Substantive werden gern *Tüdelkram* – etwas, das verworren oder nicht wichtig ist – und *Tüdelband* – ein längliches Gewebestück zum Fixieren einer Sache – verwendet.

TSCHÜSS

Sie werden es kaum glauben, aber diese inzwischen im ganzen deutschen Sprachraum gängige Verabschiedungsformel hat ihren Ursprung im spanischen *Adios*! Vermutlich wollten sich höfliche Hafenbewohner von spanischen Seeleuten in deren Landessprache (die ja, richtig ausgesprochen, sehr vernuschelt wird) verabschieden – was den norddeutschen Zungen aber nicht ganz gelang. Der dabei entstandene Laut wirkte aber trotzdem weltmännisch und war zudem viel kürzer als das bis dahin übliche *Auf Wiedersehen.* Also übernahm man ihn in das Norddeutsche, das ja für seine Kurzgefasstheit legendär ist.

WURZEL

Norddeutsch für »Möhre«, »Karotte«, »Rote Rübe«, »Mohrrübe«, »Gelbrübe«, »Gelbe Rübe«, »Rüebli«. Wie Frikadelle für »Bulette«, »Bratklops«, »Fleischpflanzerl«, »Fleischlaberl«, »Fleischküchle«, »Hamburger«. Oder Feudel … s. o.

DAS SCHWEIGEN DER NORDDEUTSCHEN

EIN ESSAY ÜBER DAS SPRACHVERHALTEN DER FLACHLÄNDER

Ein klassischer norddeutscher Dialog, der den Kommunikationspartnern in der Regel für einen tagesfüllenden Informationsaustausch völlig genügt, ist folgender:

»Na?«

»Muss ja!«

Mehr wird selten gesagt; ist einer in besonderer Plauderlaune, fragt er vielleicht noch: »Und selbst?«

»Muss ja auch« – das ist der standardmäßige Code für die Beendigung eines Gesprächs. Damit ist alles gesagt.

Einige bewundern diese Verständigungsart als »emphatisch« oder gar »telepathisch«. Andere sehen darin nur einen Beweis dafür, dass die Fischköppe sogar zum Sprechen zu blöd sind. Bewiesen werden konnte bis heute nichts von beidem. Fakt ist: Der Norddeutsche an sich spricht nur dann, *wenn* er muss – nicht, *weil* er muss! Und

Gern ahmt der Norddeutsche die Stille nach, die ihm bei Ebbe am Wattenmeer begegnet

dies tut er nicht besonders gern. Er mag es auch nicht, wenn Menschen in seiner Nähe einen andauernden Redefluss von sich geben. Schon ein dröhnendes »Moin, Moin« statt eines einfachen, knappen »Moin« kann er leicht als Nötigung empfinden und sich als Reaktion in eine Art innere Emigration mit dazugehörigem Schweigegelübde zurückziehen.

Über die Gründe dafür gibt es bislang keine verlässlichen wissenschaftlichen Studien. Ich möchte daher erstmals folgende Theorieansätze zur weiteren Diskussion anbieten:

1. DIE LANDSCHAFTSTHEORIE

Im Gegensatz zu Gebirgsregionen mit murmelnden Bächlein, rauschenden Tannenwipfeln und singenden Murmeltieren ist der Norden eher ... still.

Klar, manchmal tönt hier der Westwind laut wie ein startendes Düsenflugzeug. Die Meeresbrandung tost bei Sturm wie ein gigantischer Wasserfall. Und eine Kuh auf der Weide kann schreien wie das Kleinkind an einer großstädtischen Supermarktkasse. Das war es dann aber auch schon im Großen und Ganzen mit dem Soundtrack des Nordens – der Rest ist überwiegend Schweigen.

Im Laufe der Menschheitsentwicklung hat sich nun aber das Sprachverhalten der Menschen womöglich an die jeweilige Geräuschkulisse ihres unmittelbaren Lebensraums angepasst. So haben Bergbewohner den Hang zu munteren Erzählkaskaden entwickelt, die lautmalerisch den kleinen Gebirgsgewässern folgen, die an ihren Wohnstätten vorbeiplätschern.

Der Küstenmensch aber ahmt eben jene Stille nach, die ihm sein Wattenmeer bei Ebbe an einem trägen Herbsttag bietet.

2. DIE BILINGUALTHEORIE

Der Norddeutsche wurde seit dem Aufkommen des Tourismus im 19. Jahrhundert zweisprachig erzogen: Die »Ursprache« Plattdeutsch diente ihm zur Verständigung mit seinesgleichen, das Hochdeutsche zu jener mit den Badegästen.

Aus dem Zwiespalt heraus, was nun mit wem zu sprechen sei, entwickelte er zunächst eine tiefe Sprachunsicherheit; nach einigem Grübeln jedoch fand er eine geniale Lösung für sein Dilemma: *Einfach gar nicht erst sprechen – dann kann man auch nichts verkehrt machen!*

3. DIE VERKÜRZUNGSTHEORIE

Während sich in den südlichen Ländern Deutschlands im Laufe der letzten 5000 Jahre alle möglichen Völker tummelten, blieb der graue, sumpfige Norden eher unbesucht. Daher wurde der Norddeutsche lange nicht so stark mit anderen Sprachen konfrontiert wie zum Beispiel der Rheinländer *(der ja neben Germanisch zunächst Latein, später dann Französisch lernen musste)*; er hatte also ungestört die Gelegenheit, über eine lange Zeit hinweg sein ureigenes Idiom zu perfektionieren.

Entstanden ist dabei eine überaus ökonomische Kommunikationsform: ein paar Einsilber, die ganz ohne Konjugationen, Deklinationen und anderes Gedöns auskommen. Ortsfremden mag dies wie eine Nichtkommunikation aus Grunzgeräuschen erscheinen. Doch allein die Worte »na«, »jou« und »nee« haben Hunderte von Bedeutungen, die einzig aus der Betonung resultieren! Dazu kommt eine große

Anzahl von *stummen* (also nur: vermuteten, so interpretierten) Ausrufe- oder Fragezeichen, welche die Aussage einer Lautkombination noch einmal kolossal prägen können. *Ein paar Laute ersetzen also endloses Geschwätz – das ist tatsächlich weltweit einzigartig!*

Lösen wir uns zum Schluss noch einmal von den linguistischen Finessen der Norddeutschen und hören auf das, was sie am besten können: **SCHWEIGEN**!

Möglicherweise findet sich nämlich genau darin noch etwas viel Profunderes, als es ein simpler Kommunikationscode bieten könnte: ein uraltes Wissen, das nur hier bis in die Gegenwart erhalten werden konnte! Eine Weisheit aus mythischen Zeiten, die überall sonst auf der Welt unter Glauben, Grammatik und Gesabbel begraben wurde. Etwas, das zu einer besseren Welt führen könnte, wenn es denn von allen Menschen gleichermaßen beherzigt würde – egal ob Afrikaner oder Bayer, Chinese oder Chemnitzer.

Eine Philosophie – eine Religion vielleicht gar! Die nur auf *einem einzigen Glaubenssatz* fußt, den man vielleicht so formulieren könnte:

Im richtigen Moment den Sabbel halten!
Im Zweifelsfall einfach mal nichts sagen!
Dann hast du Freunde. Und dass du die hast, merkst du daran, dass die dir plötzlich auch nicht mehr überall reinreden. Sondern ebenfalls den Sabbel halten.

SELTSAME SITTEN & GEBRÄUCHE DER UREINWOHNER

DER FLACHKÖPPER

Der Flachköpper ist eine hochkomplexe Variation des gemeinen Kopfsprungs, die sich in Norddeutschland ausgeprägt hat. Das liegt vor allem an den topografischen Besonderheiten der Gewässer dieser Weltgegend. Anders als zum Beispiel bei bayrischen Bergseen oder den mediterranen Badebuchten der Insel Capri, wo die Küsten schroff abfallen, geht es an Nord- und Ostsee immer nur mit einem sehr sanften Gefälle in das Wasser hinein. Am Strand von Sankt Peter-Ording beispielsweise muss man fast eine Viertelstunde in das kühle Nass laufen, bis man auch nur bis zu den Hüften darin steht – zumindest bei Ebbe. Der Südländer hingegen steigt in seinen besonnten Landen einfach auf einen Felsen, jodelt einmal fröhlich und verschwindet mit einem beherzten Sprung kopfüber vollends im metertiefen Wasser. Ob er dies nun mit einem Einfallswinkel von 20 oder 85 Grad tut, ist herzlich egal. Sicher landet er immer im feuchten Element: Seine Schwungenergie wird nämlich durch die Viskosität des H_2O schnell und sanft abgebremst, sodass er keinen Bodenkontakt fürchten muss. Daher ist im Süden auch praktisch jede Art von Kopfsprung möglich.

Der Norddeutsche hingegen lebt in dieser Hinsicht ausgesprochen gefährlich: Will er sich, den Kopf voran, ins erfrischende Bad stürzen, muss er sehr genau den Eintrittswinkel zur Wasseroberfläche bedenken. Ist dieser nämlich *zu klein*, bremst das Wasser den Schwung nicht ausreichend ab – und der kühne Springer rammt mit dem Kopf in den Meeresgrund. Das kann im schlimmsten Fall mit Genickbruch (also: tödlich) enden oder zu einer Querschnittslähmung führen. Aber auch leichtere Unfälle – wie zum Beispiel mit dem Kopf im schlammigen Wattboden stecken zu bleiben – sind unangenehm genug und schnell passiert.

Ist allerdings der Eintrittswinkel zur Wasseroberfläche *zu groß*, klatscht man mit zu viel Körperfläche auf die Wellen, was sehr schmerzhaft ist und zu inneren Verletzungen führen kann. Zudem geschieht es bei diesem sogenannten *Bauchklatscher* häufig, dass der Springer nicht genügend Vorwärtsschwung aufbringt, das Wasser ihn in der Folge also nicht ausreichend abbremst und er mit seiner kompletten Vorderseite auf bzw. *in* den Grund gelangt. Diese letzte Variante ist besonders peinlich, wenn Umstehende von aufstiebenden Schlammspritzern beschmutzt werden.

Es ist allerdings möglich, auch in eine Wassertiefe von guter Kniehöhe mit einem eleganten Sprung einzutauchen: mit dem Flachköpper eben! Die Norddeutschen haben seit Jahrtausenden ihre Technik perfektioniert. Das Geheimnis liegt in eben genau jenem Eintrittswinkel, mit dem der Körper ins Wasser gleitet: Es gibt nämlich einen idealen Winkel, mit dem der Sprung auch bei geringen Tiefen so großartig gelingt wie bei den berühmten Todesspringern von Mexiko, die von 30 Meter hohen Klippen in die tosende Gischt tauchen. Nach einer Meldung der TU Niebüll hat eine Forschergruppe dort kürzlich den definitiv superoptimalen Winkel für den Flachwassereintritt ermittelt: 62,4639°.

Diese Meldung ist noch nicht bestätigt, die Zahl scheint aber ganz plausibel. Egal ob nun ein paar Grad mehr oder weniger: So wie jeder Norddeutsche sollten auch Badegäste einen halbwegs eleganten Flachköpper hinbekommen – dann ist jede Verletzungsgefahr gebannt.

KLOOTSCHIESSEN UND BOSSELN

Fußball ist die beliebteste Vereinssportart in Deutschland. In ganz Deutschland? Nein! Im niedersächsischen Landkreis Wittmund steht statt des Runden, das ins

Eine motivierte Truppe steht auf einer Straße in Niedersachsen bereit zum Boßeln

Eckige muss, der Weitwurf von kleinen Kugeln an erster Stelle! Klootschießen und Boßeln heißen diese regionalen Sportfavoriten, in ganz Ostfriesland, der Region Oldenburg und Teilen Schleswig-Holsteins haben sich Tausende ihrer Liebhaber in Vereinen zusammengetan.

Das Klootschießen ist Jahrhunderte alt. Dabei läuft der Sportler auf eine Rampe zu, springt von dieser ab und versucht im Sprung, eine kleine Kugel – Kloot auf Friesisch – so weit wie möglich zu werfen. Klingt harmlos – doch immer wieder wurde diese Art körperlicher Ertüchtigung von den Obrigkeiten verboten. Nicht ganz grundlos: Früher fanden die Wettkämpfe nämlich ausschließlich bei Frost statt. Dennoch traten die Teilnehmer grundsätzlich nur in Unterhemd und langer Unterhose an – gewärmt wurden sie von Schnaps, der reichlich floss. Das machte das Klootschießen zu einer Risikosportart: Einmal abgesehen von den Lungenentzündungen, die durch die Saukälte hervorgerufen wurden, kam es recht oft zu Streitereien der betrunkenen Athleten, die nicht selten in blutige Schlägereien ausarteten. Heute geht es gesitteter zu, da das Klootschießen ganzjährig und in dem Wetter angepasster Kleidung praktiziert wird.

Vor rund 150 Jahren entwickelte sich daraus eine abgemilderte Variante, die Mannschaftssportart Boßeln.

Die Grundregeln sind relativ schnell erklärt: Zwei Teams mit bis zu sechs Mann treten gegeneinander an. Ziel ist es, die Boßel – Plattdeutsch für *Kugel* – eine bestimmte Strecke eine Straße entlangzuwerfen. Etwa sieben Kilometer ist dabei Standard. Neun bis zwölfeinhalb Zentimeter Durchmesser hat die Kugel; früher war sie aus gedrechseltem Holz, heute werden in der Regel die deutlich haltbareren Kunststoffkugeln benutzt. Um sie zu werfen, nimmt der Boßler einen etwa 20 Meter langen Anlauf. Dabei hält er den Arm senkrecht am Körper. Erst kurz vor dem Abwurf holt er mit dem Wurfarm aus, um ihn im Moment des Absprungs mit möglichst hoher Geschwindigkeit und großem Kraftaufwand nach vorne zu schwingen, die Kugel also möglichst weit voranzuwerfen.

Das klingt alles simpel, ist es aber nicht. Mit Wurfkraft allein kommt man nämlich nicht weit, es bedarf auch einiger Geschicklichkeit: Kurven, Neigungen, die Beschaffenheit der Straße, all das muss bedacht werden. Gerade in kurvigen Abschnitten müssen die Spieler der Kugel den richtigen Drall geben, sonst landet sie neben der Straße oder im Graben – womit der Versuch an der Stelle als beendet gilt. Ein Wurf ist überhaupt nur dann gültig, wenn An- und Ablauf des Spielers sowie Abwurf und Aufsetzen der Kugel innerhalb der Wurfstreckenbegrenzungen – also der Straße – erfolgen. Geschieht dies nicht, muss der nachfolgende Werfer wieder an gleicher Stelle ansetzen wie sein Vorgänger, der Gegner erhält zudem einen sogenannten Schoet (»*Punkt*«). Durch Spielfehler, auf die wir hier nicht weiter eingehen wollen, können noch weitere Schoets auf das Strafkonto kommen.

Kurzum: Der Boßel wird durch die Gegend getrieben – und ganz nebenbei macht man einen Spaziergang mit netten Menschen. Traditionell wird dabei auch ein Bollerwagen mit diversen, vornehmlich: alkoholischen Getränken mitgeführt, die allgemeine Stimmung steigt also kontinuierlich an. Nach dem Wettkampf gehen die Mannschaften zumeist noch friedlich einen trinken – ein Sportbier geht immer.

LÜTT UN LÜTT TRINKEN – ABER RICHTIG!

Selbst schon Angela Merkel trank das norddeutsche Kultgetränk Lüttje Lage auf dem Sommerfest in der niedersächsischen Landesvertretung

Im späten Mittelalter wurde die norddeutsche Barkarte, auf der bis dato nur »Bier« stand *(s. Kapitel »Bier.«)*, um alkoholische Destillate erweitert. Diese waren in Arabien (al kohol, *arabisch für »das sehr Feine«)* erfunden und von den Kreuzfahrern nach Europa gebracht worden. Im Norden erfreuen sie sich bis heute großer Beliebtheit, in Arabien jedoch sind sie schon lange verboten – aber das ist eine andere Geschichte ...

Nun hat so ein kleines Bierchen mit seinen vielleicht 4,9 Volumenprozenten nicht genug Kraft, um einen ordentlich durchzuwärmen und frisch zu machen. Aber es löscht prima den Durst. Ein Kööm hingegen *(ein mit Kümmel aromatisierter Brand, wie ihn praktisch alle Nordlinge von den Mittelgebirgen bis zum Polarmeer schätzen)* hat zwar mit rund 36 % die nötige Drehzahl zur geistigen Belebung – aber zum Durstlöschen taugt er nicht. Weil man anschließend womöglich im Koma läge ...

Was also tun?

Der kluge Norddeutsche hat eine Lösung für dieses Dilemma gefunden: das Lütt un Lütt, ins Hochdeutsche übersetzt: »Klein und Klein«. Dabei handelt es sich um eine Kombination aus einem Bier, das in einem *kleinen* Glas mit nur 0,1 Liter Volumen serviert wird (ein Glas für 0,2 Liter geht im Notfall aber auch), und einem *kleinen* Glas (1 Zentiliter) »Kümmel«, das idealerweise V-förmig mit rundem Boden ist – so lässt es sich nämlich optimal halten.

Bei interkulturellen Kontaktversuchen schütten sich unwissende Badegäste nun meist den Schnaps in den Rachen und spülen ihn erst im Anschluss mit dem Bier hinunter. Viele Ureinwohner nehmen Anstoß daran, da sie ihre Sitten nicht gewahrt sehen. Der Norddeutsche nämlich nimmt das Bierglas zwischen Daumen und Zeigefinger und zwängt *zusätzlich dazu* das Schnapsgläschen wahlweise zwischen Zeige- und Mittelfinger oder zwischen Mittel- und Ringfinger, je nach Handgröße. Diese Glaskombination hebt er anschließend zum Mund und lässt während des Trinkvorgangs vorsichtig den Schnaps aus dem oberen Glas in den Bierfluss aus dem unteren einträufeln, sodass sich die Flüssigkeiten vermengen, *bevor* sie in die Mundhöhle einlaufen.

Dieses Ritual sollten Sie einüben, bevor Sie es zum ersten Mal in der Öffentlichkeit durchführen – denn schnell ist bei dieser komplizierten Aktion ein Malheur passiert! *(Ein bier- bzw köömbespritztes Hemd ist in jeder Kneipe dieser Welt irgendwie … unsexy!)* Wir empfehlen daher, die Sache zunächst einmal in der Badewanne zu üben und die beiden Gläser nur mit Wasser zu füllen …

Über die Herkunft dieses Brauches gibt es verschiedene Theorien – wie es auch regional einige Variationen der Getränkekombination gibt. Am wahrscheinlichsten ist es, dass das Lütt-un-Lütt-Trinken im 19. Jahrhundert bei den Hamburger Hafenarbeitern entstanden ist. In den traditionsbewussten Kneipen der Hansestadt kann man das Getränkemenü in der Originalform tatsächlich immer noch unter dem Namen Lütt un Lütt oder auch simpel unter Beer & Kööm bestellen. In Hannover ist ein ähnliches Trinkritual erst seit 1920 offiziell nachgewiesen (wobei es de facto durchaus älter sein kann). Hier trinkt man die sogenannte Lüttje Lage auf die gleiche Weise, allerdings mit einem speziellen *Schankbier* und *Kornbrand* statt Kümmel. Man findet inzwischen überall im Norden verwandte Arten dieses alkoholischen Genusses – wobei der Korn den Kümmel langsam, aber sicher verdrängt. Einige Antitraditionalisten versuchten in den letzten Dekaden des vergangenen Jahrhunderts, das Lütt-un-Lütt-Ritual radikal zu vereinfachen: Sie versenkten das Schnapsgläschen einfach im Bierglas und nannten das Ganze U-Boot. Zum Glück hat sich diese Darreichungsform nicht durchgesetzt: Die »Torpedos« dieses U-Boots gleiten nämlich unbemerkt durch die Nacht und knallen einem erst am nächsten Morgen mit voller Wucht in den Kopf!

So muss man also nach wie vor ein wenig üben – bis man eines Tages das Lütt un Lütt wie ein echter Norddeutscher trinken kann.

WAS MAN AUF »HUMMEL, HUMMEL« ZU SAGEN HAT

ACHTUNG!

Der Norddeutsche neigt nicht gerade zu sichtbarem emotionalen Überschwang. Das kann man besonders gut bei hiesigen Großveranstaltungen sehen, wenn die Moderatoren auf den Bühnen ohne Unterlass davon reden, wie gut alle drauf sind – aber die Anwesenden stehen da wie auf einer Trauerfeier. Man freut sich halt nur inwendig – weil man so keine Energie für die äußeren Gesichtsmuskeln benutzen muss. Das ist sehr ökonomisch gedacht. Außerdem lässt man sich im Norden gute Laune nicht von Sabbelkaspern vorschreiben. Der Einzige, der das darf, ist der Alkoholpegel.

Wenn der sagt: »Du bist jetzt gut drauf«, dann sagt man: »Okay, ich mach mit.« Nur so kann es sehr selten einmal vorkommen, dass Norddeutsche feiern wie die restlichen Planetenbewohner.

Eine **AUSNAHME** bildet allerdings der sogenannte »Hamburger Gruß«, der in ganz Norddeutschland sehr beliebt ist: »Hummel, Hummel« – egal wem man das entgegenruft, immer kommt gleich ein zackiges »Mors, Mors!« zurück. Und schon herrscht Stimmung. Faszinierenderweise funktioniert das inzwischen sogar dort, wo die meisten gar nicht wissen, was sie da sagen. In Bayern zum Beispiel. Die denken wohl, das sei so etwas Ähnliches wie »Moin, Moin« und wollen einfach nur höflich sein. Wenn die wüssten, dass mit »Mors« ein Körperteil bezeichnet wird, den wir zwar hin und wieder in die Hand, aber eher selten in den Mund nehmen. Im Klartext: Auf »Hummel, Hummel« ruft eine ganze Region »Arsch, Arsch«. Warum sich darüber auch noch alle freuen, wird wohl auf ewig ein norddeutsches Geheimnis bleiben. Aber ein schönes Geheimnis.

Wo genau der Ursprung dieses »Hamburger Grußes« liegt, ist nicht abschließend geklärt. Höchstwahrscheinlich geht er auf den Hamburger Wasserträger Johann Wilhelm Bentz (1787–1854) zurück. Dieser wohl allgemein etwas grummelige, aber für die Trinkwasserversorgung durchaus wichtige Zeitgenosse wurde von den Straßenkindern mit seinem Spitznamen »Hummel« gehänselt, sobald er irgendwo mit seinen beiden Wassereimern auf den Schultern auftauchte. Auf die Sticheleien antwortete er stets mit einem lautstarken, unhöflichen »Mors, Mors«. Dies war wohl seine persönliche Kurzform für den bekannten Fluch »*Klei di an 'n Mors*« – die plattdeutsche Variante des großen Götz-von-Berlichingen-Zitats, das noch heute in aller Munde ist: »Leckt mich am Arsch.«

WARNUNG!
Dieser Wortwechsel wird nicht als klassischer Gruß benutzt! Es ist eher ein geheimes Erkennungszeichen von Hamburgern in der Fremde oder ein Schlachtruf beim Sport. Wenn ein Tourist in der Hansestadt damit Guten Tag zu sagen versucht, wird er bestenfalls verständnislos angesehen. Im schlimmsten Fall kriegt er ein genervtes »Arsch!« auf Platt zu hören – aber das hätte in diesem Fall sehr wenig mit dem Hamburger Gruß zu tun.

STRANDBURGEN BAUEN

Wir sprechen im Folgenden über eine fast kultische Handlung, die einst gleichermaßen von Ureinwohnern wie auch von Badegästen (die sie begeistert für sich adaptiert hatten) an den Stränden von Nord- und Ostsee praktiziert wurde, heute jedoch vom Aussterben bedroht ist. Vermutlich sind es eher ältere Herrschaften, die sich wehmütig an diesen Brauch erinnern; die Jüngeren wissen womöglich nicht einmal mehr, was eine »Strandburg« eigentlich ist. Woher auch? Die Konstruktion dieser Bauten ist an den meisten Stränden nämlich schon lange verboten.

Bis weit in die zweite Hälfte des letzten Jahrhunderts hinein war es jedoch üblich, dass die gesamte Familie an den Strand zog und sich dort für die Dauer des Urlaubs eine Art territoriale Exklave, einen Familienstaat im Staate schuf. Das Zentrum dieser Zwergnationen war im Idealfall ein Strandkorb, zur Not reichte aber auch die Einstichstelle des alles beschattenden Sonnenschirms. Um diesen Punkt herum wurde nun ein (möglichst perfekter) Kreis gezirkelt, der einen Durchmesser von bis zu sechs Metern haben konnte. Entlang seiner Linien buddelte traditionell das Familienoberhaupt einen Minideich, den Sand immer konsequent von innen nach außen schaufelnd. Zwangsläufig sah das Ergebnis am Ende immer wie ein kleiner Bombenkrater aus. Um nun etwaige Kriegsassoziationen zu vermeiden, durften die Frauen und Kinder dessen Außenwände mit Muscheln, Seetang und anderem Dekorationsmaterial verzieren. Neben Blumen-, Fisch- und Ankermosaiken waren besonders Aufschriften wie *Hier wohnt Familie Müller* beliebt. Wer es etwas polyglotter bevorzugte, schrieb *My home is*

my castle – und gehörte damit praktisch schon zum Jetset. Perfektionisten scheuten am Ende der Bauarbeiten keine noch so ausgedehnte Strandwanderung, um irgendwo im angeschwemmten Gut etwas aufzutreiben, das man als Fahnenmast benutzen konnte – je länger, desto besser. Dass man es dann womöglich kilometerweit zu seinem Bau schleifen musste, war egal.

Eine Burg war erst dann wirklich perfekt, wenn das Familienbanner für die schönsten Tage des Jahres hoch über allem munter im Wind flatterte.

Egal ob nun eher »antifaschistischer Schutzwall« oder doch lieber »Deutschordensburg« – das Sandwerk war in Ost und West gleichermaßen beliebt.

Tatsächlich hatte so eine Burg durchaus einigen praktischen Nutzen: Der Wall – meistens um die 50 Zentimeter hoch – hielt die kühlen Küstenwinde, die an Nord- und Ostsee gerne auch unmittelbar über dem Boden noch horizontal wehen, von den Sonnenbadenden fern. Ebenso ferngehalten wurden aufdringliche Strandnachbarn, die ohne diese deutliche Grenzmarkierung womöglich auf dem Weg zum Wasser achtlos über Handtücher, Picknickutensilien und Privatsphäre der hier Residierenden getrampelt wären. *In der Burg erst kommt die Ruhe* lautete entsprechend der Leitspruch engagierter Strandburgingenieure. In dieser Ruhe erst konnte eine deutsche Familie das Abbild ihres trauten Heims in schöner Ordnung nachstellen: Mit *Kühlbox, Luftmatratzen und Schwimmreifen* als deutlichen Symbolen für *Küche, Schlafzimmer und Wohnzimmer*.

Diese zauberhafte Tradition hatte einige Generationen lang Bestand. Dann kamen die üblichen Miesepeter, die auch gegen das Rauchen in Restaurants und das Verklappen von Altöl in der Nordsee sind. Sie ließen den Bau von Strandburgen offiziell verbieten. »Küstenschutz!«, erklärten sie. Die zu Saisonende aufgegebenen herrenlosen Burgen würden vom Winterhochwasser ausgespült und fortan kleine Buchten an den – eigentlich geradlinigen! – Stränden bilden. An diesen Stellen *könnte* bei Sturmfluten der Druck der herandrängenden Wassermassen so groß werden, dass die Deiche dahinter kaum standhalten *könnten* – so die Hypothese der Strandburggegner. Eine ästhetisch orientierte Unterfraktion von ihnen beschwerte sich zudem über die landesuntypische, kratergesäumte Mondlandschaft, welche die burgenbauenden Badegäste hinterließen. Einheimischen würde bei diesem Anblick der winterliche Strandspaziergang vergrault werden …

So ist also der Bau von Strandburgen heute an den meisten Sandufern Norddeutschlands streng reglementiert – oder gleich ganz verboten. Auf Sylt zum Beispiel drohen bei der kleinsten Buddelei drakonische Ordnungsstrafen bis zu 1000 Euro. Und in Binz auf Rügen darf die Höhe des Burgwalls offiziell 30 Zentimeter Höhe nicht übersteigen, das ganze Bauwerk darf nicht mehr als 3,50 Meter im Durchmesser haben, sonst … !!!

Das ist ungefähr so, als wenn Kirchenbauten die Grundmaße eines Kleinbusses nicht mehr überschreiten dürften und ihre Errichtung im Innenstadtbereich generell verboten wäre! Das Ende einer Religion also …

Noch ist es so, dass die Strandwächter bei jenen, die mit einem Schäufelchen eine kleine, eher symbolische Burg bauen, meist ein Auge zudrücken. Auf Sylt hat auch noch niemand ganze 1000 Strafeuro in eine Kommunalkasse zahlen müssen.

Doch wie lange noch?

Sollten Sie also Zeuge werden, wenn dieses Brauchtum irgendwo noch einmal aufflackert – genießen Sie es! Es könnte das letzte Mal in der Geschichte sein – und danach so unwiederbringlich verloren wie der Pyramidenbau, die Mammutjagd und die Schrumpfkopfherstellung …

BIIKEBRENNEN

Fast überall auf der Welt wird gerne gezündelt: ob bei den Sonnenwendfeuern auf den Alpenkämmen oder beim Burning-Man-Festival in Nevada. Die meisten dieser Feuerhappenings finden in der warmen Jahreszeit statt; lauschige

Das traditionelle Biikebrennen, hier am Strand von Husum-Schobüll, zeigt das Ende des Winters an

Abende werden mit wärmender Glut noch etwas kuscheliger gestaltet. Nur in Nordfriesland ist das alles etwas anders: beim Biikebrennen.

Dieses findet nämlich traditionell am 21. Februar statt – was wieder einmal beweist, dass es für einen echten Norddeutschen kein schlechtes Wetter gibt, nur das falsche Getränk. Entlang der Küste zwischen Sankt Peter-Ording und Sylt werden überall Scheiterhaufen errichtet, die in jener besonderen Februarnacht in Flammen aufgehen sollen – eine clevere Art der Friesen, ihre alten Weihnachtsbäume und die Berge zerknüllten Geschenkpapiers zu entsorgen. Manchmal kommt es allerdings gar nicht erst zu der rituellen Restmüllverbrennung. Es gehört nämlich zu den schönen Traditionen, den Holzstoß des konkurrierenden Nachbardorfes bereits *vor* der eigentlichen Biikenacht abzufackeln.

Der Ursprung des Biikebrennens liegt im Dunkeln. Vermutlich geht es auf einen heidnischen Ritus zurück, mit dem Odin besänftigt, die Wintergeister ausgetrieben und die neue Saat geschützt werden sollten. Mancherorts ist es noch heute üblich, Strohpuppen, die den Winter symbolisieren, auf dem Biikehaufen zu verbrennen, eine Art friesischer Voodoozauber also. Wenn Weihnachtsbäume und Strohmänner nur noch Glut sind, endet der Winter offiziell in Friesland – was angesichts des Klimas dieser Region, das Schneetreiben sogar noch im April ermöglicht, recht optimistisch gedacht ist. Aber erwähnte ich nicht bereits, dass es für einen Norddeutschen kein schlechtes Wetter gibt?

Neben der metaphysischen Bedeutung hatten die Feuer entlang der Küste in späteren Jahren noch einen ganz praktischen Nutzen: Der 22. Februar war Petritag – jener Tag also, an dem die Schiffe nach der Winterpause wieder auslaufen durften. Für die Seeleute waren die Leuchtzeichen – nichts anderes bedeutet »Biike« auf Hochdeutsch – entlang der Küsten dabei eine gute Navigationshilfe. Und zugleich ein letzter Abschiedsgruß von den Lieben daheim. Böse Zungen behaupten, dass die Matrosenfrauen auf den Inseln mit den Feuern gleichzeitig auch in die andere Richtung, zu den Männern auf dem Festland, ein Signal sendeten: *»Jungs, jetzt ist hier erst mal wieder sturmfreie Bude! Und wir sind ja soooo allein!«*

Aber das ist bestimmt nur pure Verleumdung.

Ende des 19. Jahrhunderts, als die Küsten durchgehend mit Leuchttürmen ausgestattet worden waren und die Inselbewohner statt der Wale lieber Touristen an den Kanthaken nahmen, schlief die Tradition des »Lagerfeuers am Meer« eine Weile fast vollständig ein. Erst Mitte des 20. Jahrhunderts wurde sie (nun in der Scheiterhaufenvariante) wiederbelebt. Ein Spektakel vornehmlich für Einheimische – aber auch für jene Badegäste, die sich außerhalb der Saison hierhertrauen. Und ein schönes Warm-up für das traditionelle Grünkohlessen im Anschluss, das den Gasthäusern Frieslands guten Umsatz bringt. Aufgrund dieses wirtschaftlichen Erfolgs wird das Biikebrennen seit Neuestem sogar in anderen Regionen kopiert: Jetzt brennen die winterlichen Leuchtfeuer sogar schon an der Ostsee! Ein riesiges Ärgernis für die stolzen Friesen, eine Schmach für den ganzen Stamm. Da ihr heimlicher Nationalfeiertag aber nicht markenrechtlich geschützt ist, können sie nichts dagegen unternehmen. Bleibt ihnen also eigentlich nur das, was sie auch zu Hause machen: heimlich die Scheiterhaufen der verfeindeten Nachbarn am Baltischen Meer *vor* der eigentlichen Feuerparty in Brand zu setzen. Blöd nur, dass man dafür einmal ganz über den schleswig-holsteinischen Subkontinent rüber muss – und vielleicht nicht rechtzeitig zum eigenen Zündeln wieder zurück ist …

NORDDEUTSCHER ZEN

Weiße Wolken ziehen
durch den hohen Himmel

Das Gras ist grün

Eine Biene summt vorbei

Eine Kuh blökt

Der Winde weht durch das Gras

Am Graben sitzen und den Kühen beim Weiden zusehen – gerne auch stundenlang. Das ist die norddeutsche Variante von Zen. Praktizieren Sie dies mindestens zwei Stunden pro Tag – dann erhalten auch Sie die typische norddeutsche Gelassenheit!

Ausgelassene Stimmung herrscht im Harz alljährlich in der Walpurgisnacht am 30. April

HEXENTANZ

Hexen??? Klar gibt es Hexen! Im Harz findet man sie besonders häufig: in jedem besseren Souvenirshop! Kleine, auf Besen sitzende Frauenfigürchen, made in China. Und natürlich in der Nacht auf den 1. Mai, der sogenannten Walpurgisnacht. Im Mittelalter war diese Nacht der Heiligen Walburga gewidmet, einer frühen Hexenjägerin. Heute ist sie eher das Gegenteil: *die* Kultnacht der Besenpilotinnen. Schon am Nachmittag des 30. April pilgern etliche Tausend norddeutsche Hexen und Hexenmeister nebst all ihrer Verwandten – Vampire, Werwölfe, Zombies usw. – in die Region des Blocksbergs, auch bekannt als Brocken. Früher sollen sie auf ihren Besen dorthin geflogen sein, heute aber verstopfen sie mit ihren Autos die Zufahrtsstraßen zum höchsten Berg Norddeutschlands – der Fortschritt ist auch nicht mehr das, was er mal war. Immerhin sehen die Höllengestalten zumeist noch traditionell aus: die Damen mit spitzen Hüten, schwarzen Capes, langen (Papp-)Nasen und möglichst pittoresk zerlumpten Kleidern. Die Herren ganz in Schwarz, seltener in Rot – dann aber »oben ohne« und mit kleinen Hörnchen auf dem Kopf. 364 Tage im Jahr gehen diese Wesen ganz normalen Berufen wie »Versicherungssachbearbeiter« oder »Feuerschluckerin« nach, an unmystischen Orten wie Hannover oder Husum. Nur in dieser Nacht dürfen sie ihr wahres, infernalisches Gesicht zeigen und über die Stränge schlagen. Der klassische Treffpunkt ist in Thale am Hexentanzplatz, einem malerischen Hochplateau, umschlossen von den schroffen Felshängen des Mittelgebirges. Inzwischen gibt es in der Umgebung auch diverse Nachahmerpartys – aber hier ist es immer noch am schönsten. Zum Warm-up mit Sonnenuntergang (wenn er denn in diesem Regengebiet herbeigehext werden konnte) und Talblick (den man nur hat, wenn der Nebellochzauber nuschelfrei ausgesprochen wurde) lodern bereits die ersten Lagerfeuer (wenn man genug trockenes Holz mitgebracht hat). Kräuterhexen bieten ihre Elixire an, orientalische Mephistophile gewürzte Speisen, die sehr dem herkömmlichen Döner ähneln – aber natürlich doch ganz anders sind! Bier wird ausgeschenkt, und Gaukler, wie die Feuerschluckerin aus Husum, gehen ihrem Handwerk nach. Allüberall ertönt Musik, bevorzugt Trance und Techno; wie das Gejaule des Höllenhundes schallt sie durch die Nacht. Erste Tänzchen werden gewagt, bald schon entsteht daraus ein ganzer Rave. Auch ansonsten geht es gesellig einher, rituell in vieler Form, manchmal auch: erotisch. Denn mit zunehmender Stunde und wachsendem Rausch wird immer mehr nacktes Fleisch gezeigt – manch kleiner Beelzebub soll hier im Tannenschatten gezeugt worden sein …

So geht es bis an die Mitternacht. In alten Tagen sattelten zu dieser Stund die Wetterhexe, die Mittagshexe, die Muhme Rumpumpel sowie all die anderen Damen des satanischen Gewerbes ihre Besen, um zum Gipfel des Blocksbergs abzuheben und dort ihre Jahreshauptversammlung abzuhalten. Heutzutage geschieht hier stattdessen: nichts weiter. Alle bleiben da, wo sie sind. Physisch zumindest. Seit 1901 sind nämlich alle Festivitäten zur Walpurgisnacht auf dem Gipfel des Brocken offiziell verboten. Und daran hält man sich. Das macht auch Sinn: Was soll man einen Frühlingsabend auf einem Mittelgebirgsgipfel verbringen, der doch immerhin 1141 Meter über dem Meer liegt, kahl und ungeschützt ist – und sich zudem auch noch in einem chronischen Schlechtwettergebiet befindet? Damit hext man sich doch höchstens einen Schnupfen an! Und wozu soll man einen albernen Besen mit sich herumschleppen? Der hat als Fluginstrument längst schon ausgedient. Man benutzt ihn vielleicht manchmal noch – aber nur, um den Boden zu kehren. Denn natürlich hat auch im zauberischen Flugwesen der Fortschritt schon lange Einzug gehalten! Heute fliegt man *mental!*

Viele von jenen, deren Körper sich am 30. April um 24 Uhr auf dem Hexentanzplatz in Thale befinden, sind dennoch längst auf dem windumtosten Gipfel des nächtlichen Brockens unterwegs – geistig zumindest. Statt Reisigbesen, Rutenbesen, Handbesen & Co nutzen sie nämlich moderne, vom TÜV zugelassene Fluggeräte wie Meditation, Alkohol oder Trance. Manche gehen wahrscheinlich auch mit LSD, Ecstasy oder Haschisch auf den Höhenflug – obwohl dies nicht nur strafbar, sondern auch gesundheitsgefährdend ist. Extreme Traditionalisten jedoch fliegen angeblich immer noch am besten mit dem klassischen Hexentrank: einem (angeblich) leckeren Tee aus Fliegenpilzen. Damit hob schon die Ur-Oma-Hexe mächtig ab – bis sie sich einmal damit überdosierte und verstarb … Er ist offenbar also auch nicht besonders gesund – allerdings ist sein Konsum bis heute nicht offiziell verboten.

So schweben denn fast all die Hexen und Hexer, die am Fuße des Brockens lagern, imaginär um den Gipfel des Blocksbergs. Und kehren nach ihren geheimen Geschäften dort oben irgendwann zurück zu jenen des Alltags, die auf dem Boden der Tatsachen in Thale geblieben sind. Kalt ist es dann dort meist, am Ende der Nacht. Wer jetzt noch wach bleibt, langsam ausnüchtert und Glück mit dem Wetter hat, kann nun *ganz bewusst* einen zauberhaften Sonnenaufgang erleben. Der Wonnemonat Mai – wahrscheinlich der schönste Monat im Norden – sendet sein erstes Licht, ein klares, helles Strahlen! Alles davor … ist nur wirrer, dunkler Hexentraum.

HUMOR – AUS NORDDEUTSCHER SICHT

Alle Jahre wieder im Februar kommt es in fast allen Wohnstätten von uns Norddeutschen zu diesem Moment: Da sitzen wir sonst so stoischen Tiefländer fassungslos

Bücher über den berühmten norddeutschen Narren Till Eulenspiegel sind seit jeher der Renner: hier eine Illustration aus dem Jahr 1920

mit offenem Mund vor der Mattscheibe und fragen uns: »Was machen die da bloß? Was tragen die für alberne Klamotten? Und warum lachen die alle paar Sekunden, wenn es doch eigentlich nur zum Heulen ist, was man da sieht?« Dann wissen wir, dass es wieder so weit ist: *Karneval, Fasching, Fastnacht* ... oder wie das auch immer heißt, hat Einzug gehalten in die Bundesländer der Badegäste. Und hat die armen Menschen dort unten im Süden in Frohsinnszombies verwandelt.

»*Mainz, wie es singt und lacht – das ist doch eine besonders schwere Erscheinungsform von Rinderwahnsinn*«, lästerte der frühere Verteidigungsminister Volker Rühe, ein geborener Hanseat, 1997 über dieses Treiben. Und recht hatte er! Man kann sich doch nicht, nur weil Februar ist, kollektiv die Pappnase aufsetzen! Wo ist da denn das individuelle Mitspracherecht? »Tä-täääää, tä-tääää, tä-täääää« – immer wenn diese blöde Fanfare erklingt, muss man laut lachen? All das will niemand im Norden; der Norddeutsche entscheidet nämlich immer noch selbst, wann etwas lustig ist und wann nicht. Diese Reden im Fernsehen sind es sicher nicht. Und sich mit Bonbons zu bewerfen, ist auch nur mäßig lustig.

Dabei haben wir Nordlinge gar nichts gegen Narren. Davon haben wir hier auch einige. Vielleicht sogar den *einzig wahren*! Der existiert seit fast 700 Jahren auf dem internationalen Humoristenparkett und ist echter Norddeutscher: *Till Eulenspiegel*. Seine Narreteien beginnen damit, dass man gar nicht weiß, ob es ihn überhaupt jemals wirklich gab. Aber gut: Von Jesus weiß man das auch nicht hundertprozentig, das Neue Testament wurde erst lange nach seinem Tod niedergeschrieben. Und doch glauben erstaunlich viele an ihn ...

Von Tills Abenteuern wird entsprechend erstmals erst rund 150 Jahre nach seinem Ableben berichtet. Um 1510 erscheint in Straßburg das Buch *Ein kurtzweilig Lesen von Dil Ulenspiegel*, der Autor möchte anonym bleiben. Darin sind 96 »Historien« des Obernarren aufgeschrieben, beginnend mit seiner Geburt und endend mit seinem Tod. So erfahren wir, dass Eulenspiegel im Jahre 1300 im »braunschweigischen Land« geboren ist, wo er Kindheit und Jugend verbringt und sich mit ersten Scherzen hervortut. Neun »Historien« später zieht er aus in die Welt, um fortan verschiedene Berufe zu erlernen und es dabei jeweils zur höchsten Meisterschaft – also dem höchsten Grad der Inkompetenz – zu bringen. So zumindest würde es der bekannte Businessphilosoph Laurence Peter nach seinem *Peter-Prinzip* beurteilen. Ein Schema zieht sich durch: Till stellt sich dumm, fragt nach, erhält in der Nachfragenfolge immer noch dümmere Antworten von angeblichen Koryphäen ... und setzt diese dann in die Tat um. So antwortet ein entnervter Bäckermeister auf ein paar Fragen zu viel, was denn wie zu backen sei: »Back doch Eulen und Meerkatzen!«. Sogleich backt Till eben Figürchen von Eulen und Meerkatzen. Die am Ende sogar zu Verkaufsschlagern werden ...

Mit seinen Streichen hält Till seinen Mitmenschen immer wieder hintersinnig einen Spiegel vor und macht sie auf ihre eigenen Idiotien und Missstände aufmerksam. »Eulenspiegel« eben – der Spiegel als Zeichen der Reflexion und die Eule als Symbol für Weisheit.

Allerdings gibt es neben all diesem hehren Humor auch noch eine sehr abgründige Seite in den Eulenspiegel-Geschichten; bei weniger Abgeklärten, als Norddeutsche es nun einmal sind, rufen sie womöglich Entsetzen hervor. Es gibt da nämlich so eine gewisse ... Analfixiertheit! In Eulenspiegels Anekdoten wird gesch..., was das Zeug hält! Ich will hier keine Beispiele nennen – die sind nämlich teilweise sehr unappetitlich. Lesen Sie die ungekürzte Ausgabe der Eulenspiegeleien bitte selbst ... Trotz (oder vielleicht auch gerade *wegen*) dieser Absonderlichkeiten wurde bereits das erste Eulenspiegel-Buch ein früher Weltbestseller, der heute in fast allen Sprachen der Welt verbreitet und etliche Male in neuen Varianten nachgedichtet worden ist *(was man – beiläufig bemerkt – von keinem närrischen Büttentext aus Köln oder Mainz berichten kann)*.

Angeblich starb Till Eulenspiegel nach einem erfüllten Narrenleben im Jahre 1350 in Mölln an der Pest. Bewiesen ist es nicht, kein Grabstein erinnert an ihn. Trotzdem wurde ihm in Mölln, am Fuße der Hauptkirche St. Nicolai, ein hübsches Denkmal gesetzt. Da sitzt er nun, der Schalk, in Bronze gegossen, und hält den Daumen hoch. Wer den Daumen und die Fußspitze berührt, der hat angeblich Glück. Entsprechend gülden-glänzend leuchten diese Körperteile noch heute. Aber mal ehrlich: Wer traut schon einem Narren? Doch nur ... Narren! Ein echter Norddeutscher hingegen hält sich vornehm zurück und schont das Messing ...

ACHTUNG!

Auf ihre Weise sind Norddeutsche schon sehr humorvoll! Allerdings ist es jene Art von Humor, den viele als »staubtrocken« bezeichnen. Der Begriff rührt aus der Tatsache her, dass die norddeutschen Ureinwohner höchst selten über etwas Lustiges losprusten und dabei die Umstehenden mit ihrem Speichel benetzen, wie dies andernorts geschieht. Sie lachen eher innerlich. Über feinsinnige, abstrakte Wortspiele oder besonders absurde, vielleicht auch: tiefschwarze Situationen. Damit sind sie ihren Cousins, den Briten, wesentlich näher als zum Beispiel einem Menschen aus Mannheim, der eher das Grobe schätzt. Versuchen Sie daher beim Kontakt mit Nordlingen, sich zurückzuhalten und niemals hysterisch laut zu lachen. Denken Sie bei einer Witzrunde am besten an den tragischen Tod Ihres Wellensittichs oder an die nächste Steuererklärung. So ersparen Sie es sich, unangenehm aufzufallen. Und womöglich Viren mit Ihrem Speichel zu verbreiten.

DIE HYMNE ALLER NORDDEUTSCHEN

Gut, ich gebe es lieber gleich zu: Bayern, Hessen und das Saarland sind den Norddeutschen einen Schritt voraus. Diese drei Bundesländer besitzen nämlich jeweils eine offizielle Landeshymne, die sogar als Staatssymbol geschützt ist! Ob allerdings ein durchschnittlicher Saarländer sein Saarlandlied von *»Ich rühm' dich, du freundliches Land an der Saar ...«* bis *»... denn du, unser Land, sollst uns freuen«* auch singen kann, sei dahingestellt. Die fünf Nordstaaten sind in ihrer Summe einfach zu groß für *eine offizielle Hymne* – schon allein von der Fläche her (die sogar jene von Bayern weit übertrifft). Immerhin haben vier der fünf Nordbundesländer ihre eigenen Erkennungsmelodien, Mecklenburg-Vorpommern hat sogar zwei: *Schleswig-Holstein, meerumschlungen*, *Stadt Hamburg an der Elbe Auen*, das *Niedersachsenlied*, den *Bremer Schlüssel*, das *Pommernlied* in Vorpommern und in Mecklenburg ein Werk mit dem schönen Titel *Vandalia*.

Kaum ein Ureinwohner der nordischen Weiten könnte jedoch wohl alle sechs komplett mitsingen. Dafür gibt es aber ein Lied, das wirklich *alle* Norddeutschen beherrschen, eine gemeinsame, *heimliche* Hymne des Nordens – die auch ein Badegast tunlichst kennen sollte: *La Paloma*! Und zwar in der Fassung, die Hans Albers 1944 in dem Kultfilm *Große Freiheit Nr. 7* gesungen hat:

Auf, Matrosen, ohé, einmal muss es vorbei sein,
nur Erinnerung an Stunden der Liebe bleibt noch an Land zurück …

Fernweh, Seefahrt, Abenteuer und Akkordeon … das kann es auf jeden Fall nur im Norden geben – die Assoziation steht sofort! Nun wollen wir aber ehrlich sein: *La Pa-*

Hans Albers singt in *Die große Freiheit Nr. 7* den norddeutschen Klassiker *La Paloma*

loma ist *kein* genuin norddeutsches Lied! Soweit bekannt, wurde es von einem Spanier namens Sebastián de Yradier auf kastilische Verse komponiert und um 1863 in Mexiko uraufgeführt. Schnell wurde daraus ein internationaler Hit, dessen Text in vielen Sprachen immer neu interpretiert wurde. So kennen auch Kubaner, Franzosen, Italiener, US-Bürger und manch andere die Melodie sehr gut – aber keiner von ihnen würde das Lied jemals mit Norddeutschland in Verbindung bringen *(wenn er denn überhaupt weiß, wo dieses »Norddeutschland« eigentlich liegt)*.

Obwohl es gleich mehrere Textfassungen auf Deutsch gibt, ist *La Paloma* heute im Ausbreitungsraum der Sprache Luthers praktisch nur noch in jener bekannt, die der Filmregisseur und Drehbuchautor Helmut Käutner für sein berühmtes Trockenmatrosendrama dichtete. Hans Albers singt das Lied darin als abgewrackter Matrose Hannes, der sein Dasein als Tingeltangelsänger bestreiten muss. Eine Kostprobe:

Seemann gib acht, dann strahlt auch als Gruß des Friedens,
hell in die Nacht das leuchtende Kreuz des Südens.
Schroff ist ein Riff, und schnell geht ein Schiff zugrunde,
früh oder spät schlägt jedem von uns die Stunde.

Der Führungsriege der Nazis *(nur einer daraus übrigens – Roland Freisler – stammt aus Norddeutschland!)* gefiel dieser Text herzlich wenig – und der Film dazu noch weniger. Kein Wunder, hatte doch in den letzten Monaten des Zweiten Weltkriegs, in dem er entstand, bereits allzu vielen deutschen Soldaten *die Stunde geschlagen* und waren fast alle Kriegsschiffe des Reiches bereits *zugrunde gegangen*. Da wirkte so ein Lied – von der Leinwand herunter gesungen von einem besoffenen Seemann zumal! – auf die Nazibonzen wie eine rotzfreche Provokation. Die es vermutlich auch war ... Der aufwendig produzierte Film durfte also schließlich nur außerhalb Deutschlands aufgeführt werden, die Premiere fand im Dezember 1944 in Prag statt. Der gewitzte Regisseur Käutner hatte aber schon zu Drehzeiten auf ein Ende der Naziherrschaft spekuliert und tunlichst darauf geachtet, dass in seinem Film nirgendwo Hakenkreuzfahnen oder andere Symbole des sogenannten Dritten Reichs zu sehen sind. Nach Kriegsende stuften die Zensoren der Siegermächte den Streifen also als politisch unbedenklich ein; endlich durfte er nun auch in den Lichtspielhäusern Deutschlands laufen! Der Film wurde schnell zu einem Kassenschlager – und mindestens zwei der darin gesungenen Lieder zu Evergreens. *Zwei?* Ja! Da gibt es nämlich auch noch *Auf der Reeperbahn nachts um halb eins* – aber dieses Lied muss ein Badegast nur zwingend für einen Hamburg-Besuch auswendig lernen …

La Paloma jedoch passt zum weltoffenen, liberalen norddeutschen Charakter generell: ein internationaler Dauerbrenner mit einem frechen, obrigkeitsverachtenden Text, der auf die Küstenbewohner des Nordens zugeschnitten … und irgendwie doch auch allgemein: *weise* ist. Diese Hymne sollte *jeder* lernen!

Auf, Matrosen, ohé, einmal muss es vorbei sein,
einmal holt uns die See und das Meer gibt keinen von uns zurück.
Seemanns Braut ist die See, und nur ihr kann er treu sein,
wenn der Sturmwind sein Lied singt, dann winkt mir der großen Freiheit Glück …
La Paloma, ade
auf Matrosen, ohé!

ESSEN & ALKOHOLZUFUHR

1,5 KG GER. ECHTE SPROT
T. PAULI
T. PAULI

NORDDEUTSCH ESSEN

In der traditionellen norddeutschen Küche gibt es viele leckere Speisen – und noch mehr regionale Interpretationen derselben. Was sie alle vereint, ist die Tatsache, dass Nichtnorddeutsche das meiste davon für wenig genießbar halten und sich standhaft weigern, diese Delikatessen auch nur zu probieren. Das Nordlicht kann da nur mit den Schultern zucken – um sich danach mit umso mehr Appetit auf Grünkohl, Grütz- und Bregenwurst, Stint und Sprotte, Knipp, Labskaus, Matjes, Hering, Aalsuppe, Potn un Snutn, Himmel und Erde und was hier noch alles an Leckereien angeboten wird, zu stürzen.

Maître Andreas »Andi« Zühlke – gebürtiger Rostocker, überzeugter St.-Pauli-Fan – hat uns hier ein Menü mit ausgesprochen typischen Nordspeisen zur Verfügung gestellt – voilà et bon appétit!

Hors-d'œuvre:

KIELER SPROTTEN

Hierbei handelt es sich um kleine heringsartige Fische, die in der Kieler Bucht gefangen werden. Auch wenn sie bis zu 25 Zentimeter lang werden können, bevorzugt man für die Kieler Sprotten doch nur Exemplare von ungefähr 10 Zentimeter Länge. Traditionell werden die Tierchen seit dem 19. Jahrhundert fangfrisch auf Stangen aufgezogen, im Altonaer Ofen über Buchen- oder Eschenholz geräuchert und dann liebevoll – wie Pralinen – in kleinen Holzkisten verpackt, um sie danach in die ganze (norddeutsche) Welt zu verschicken. Aus dieser Tradition heraus resultiert allerdings auch ein kleines Missverständnis in der Namensgebung: Die Sprotten kommen mitnichten aus Kiel – der Hauptproduktionsort ist Eckernförde! Dieses Fischereistädtchen im Norden hatte allerdings lange keinen eigenen Bahnhof. Die Kisten mit den Räucherfischen wurden also zum Versand in die Landeshauptstadt gekarrt und erhielten erst dort den Poststempel »Kiel«. So dachten die vielen Liebhaber dieser Delikatesse, sie käme direkt von dort …

Wer hungrig ist – der verspeist den Fisch im Ganzen. Wie der Connaisseur aber den Fisch verspeist – das zeigt uns Andi auf den Bildern links.

Comme poisson:

LABSKAUS

Ein altes Seefahreressen, dessen vitaminhaltige Zutaten nicht nur gut gegen die Mangelerscheinung Skorbut sind, sondern dessen Konsistenz vor allem auch all jenen Matrosen zugutekommt, die bereits an Skorbut leiden ...

Auf genaue Mengenangaben verzichten wir hier – wie auch bei allen anderen Rezepten: Jeder nimmt genau die Menge der Zutaten, die er ungefähr für richtig hält. Man nehme also:

- vorgekochte, gepökelte Rinderschulter
- Rote Beete
- Zwiebeln
- Kartoffeln (vorgekocht)
- zerkleinerte Gewürzgurken
- etwas Matjes, ersatzweise auch Sardellen oder Bismarckhering

Das alles drehe man durch einen Fleischwolf. Die entstehende Masse koche man nun für circa eine Stunde in dem übrig gebliebenen Gurkenwasser (wenn man das schon ausgetrunken hat, um den Nachdurst des Vorabends zu löschen, geht zur Not aber auch eine simple Kochbrühe).

Sie darf nicht anbrennen, aber auch nicht zu »suppig« sein. Nach Belieben salzen und pfeffern. Ist die Pampe fertig, füllt man sie portionsweise auf Teller und füge Folgendes als Beigaben hinzu:

- ein Matjesfilet (manche bevorzugen hier einen Bismarckhering)
- ein Spiegelei
- eine aufgeschnittene Gewürzgurke

Parfait!

La viande:

GRÜNKOHL

Grünkohl ist derartig mit dem Norden verwachsen, dass es für ihn weder ins Französische noch Italienische auch nur eine Übersetzung gäbe! Dafür wird in seinen angestammten Landen ein wahrer Kult um seine Zubereitung betrieben. Wie bei jeder guten Religion haben sich dabei diverse Glaubensrichtungen herausgebildet: Nimmt man nun Kohl- oder doch eher Bregenwurst (s. auch den eigenen Artikel dazu) in den Eintopf? Schweinebauch oder -backe? Bratkartoffeln oder Salzkartoffeln als Beigabe? Und so weiter ... Es soll angeblich Historiker geben, die Stein und Bein behaupten, der Dreißigjährige Krieg sei – zumindest in Norddeutschland – nur wegen metaphysischen Fragen wie diesen geführt worden. Leider sind uns die Quellen nicht bekannt. Daher führen wir hier nur auf, wie Andi seinen Grünkohl zubereitet. Man nehme:

- Zwiebeln
- Gänseschmalz
- Grünkohl en masse
- Schweinebauch
- Kasseler
- Kohlwurst

Tag 1: Die Zwiebeln in Würfel schneiden. In einem riesigen Topf das Gänseschmalz erhitzen und die – im Verhältnis zum Topf – winzige Menge Zwiebeln darin glasig werden lassen. Die Unmengen von frischem, geputztem Grünkohl hinzu – im Zweifelsfall etwas nachstopfen. Dazwischen die fleischlichen Zutaten verteilen. Etwas Wasser angießen. Mehrere Stunden auf kleiner Flamme kochen lassen, danach abstellen und über Nacht auskühlen lassen.

Tag 2: Den Topf wieder auf die Flamme setzen, etwaige fehlende Flüssigkeiten nachfüllen und bei niedrigen Temperaturen köcheln lassen. Wenn man ins Bett will – einfach den Herd wieder ausstellen.

Tag 3: Siehe Tag 2.

Tag 4: Beginnt wie Tag 3. Zur Essenszeit aber sollte man Familie, Freunde und Bekannte zusammenrufen, indem man den Deckel des Topfes lüftet – der Duft allein wird sie zusammentreiben! Auf die Teller, die uns die Gierigen nun entgegenstrecken, drapiere man einen ordentlichen Schlag der Grünkohlmasse sowie jeweils ein Stück Kasseler, Schweinebauch und eine Kohlwurst. Wer mag, gibt auch noch Senf dazu und/oder Kartoffeln in allen möglichen Darreichungsformen.

Ganz wichtig ist es, dass dieses Gericht von viel Flüssigkeit (Bier bietet sich da an) begleitet wird! Und dass man hinterher mindestens einen Klaren (Korn, Kümmel, Aquavit etc.) zur Verdauung zu sich nimmt (Antialkoholikern muss man das als »Medizin« verkaufen ...). Sonst ist der Genuss dieser Speise nämlich mit einigen Reuen verbunden ...

Le dessert:

RUMKUGELN

Nur Eingeweihten ist bekannt, dass diese süße Versuchung eine genuin norddeutsche Erfindung ist; sie hat nämlich heimlich schon längst in aller Stille ihren Siegeszug in den gesamten deutschsprachigen Raum getan. Doch zu welchem Preis? Die Rezeptur der Originalkugel wurde etliche Male modifiziert, aus dem Produkt liebevoller Handarbeit wurde ein vulgärer Massenartikel. So bieten heute sogar badische Konditoren »Rumkugeln« an – bei denen es sich aber um eine Art ungenießbaren braunen Fensterkitt mit entferntem Alkoholaroma handelt, der praktisch nichts mit der norddeutschen Rumkugel zu tun hat! Das Original ist ein Meisterwerk ökonomischer Resteverwertung, wie es nur das Genie einer Hausfrau aus dem Norden ersinnen kann. Warum? Das erfährt man, wenn man das folgende Urrezept umgesetzt und probiert hat... Man nehme:

- altes Gebäck, Reste von Tortenböden, vertrocknete Kekse usw. (was gerade da ist), Schokostreusel
- ein paar klein gehackte Nüsse
- wer mag, fügt noch die Rosinen aus der hinteren Ecke des Vorratsschranks hinzu
- Butter
- viel Rum

Die Butter muss zunächst sehr schaumig geschlagen werden. Am besten, man nimmt dafür eine Küchenmaschine (sonst droht am nächsten Tag der Muskelkater). Während diese ihre Arbeit tut, zerbröselt man die Gebäckreste jeder Art so fein wie möglich in einer Rührschüssel und fügt die Nüsse und die Rosinen hinzu. Das Ganze sollte nun sehr ordentlich mit Rum befeuchtet werden. Unter diese Masse hebt man den Butterschaum, sodass ein sämiger Teig entsteht. Aus diesem formt man Kügelchen von vielleicht vier Zentimeter Durchmesser, die man danach wahlweise in Schokostreuseln oder geraspelter Schokolade – schwarz oder weiß nach Belieben – rollt. Und schon ist dieses betörende Naschwerk, dem keine der sogenannten Rumkugeln aus den Backstuben des Südens das Wasser (oder gar: den Rum) reichen kann, bereit, genossen zu werden!

Das Einbecker Bier aus Niedersachsen begründete die deutsche Bierbrautradition und wird noch heute genossen

BIER.

NOCH FRAGEN?

Denken Sie jetzt einfach mal an Bier.

Womöglich landen Sie alsbald in Bayern, beim Oktoberfest vielleicht. Haben Sie auch gerade die Vision von Damen in Dirndln, die vor ihrem üppigen Dekolleté eimergroße Gläser zu feschen Buam in Krachledernen schleppen?

Ja, Bier klingt irgendwie nach Bayern – wie Camembert nach *Douce France*, Pasta nach *Bella Italia* und Sashimi nach *rohem Fisch aus Japan.*

Der wahre Norddeutsche lehnt sich nun mit einem dezenten Lächeln zurück: *Sollen die Bajuwaren doch ihren Bierzirkus veranstalten! Der ist doch einfach nur laut…*

Sodann nimmt der Flachlandbewohner einen schönen Schluck seines kühlen Blonden und genießt mit einem weisen Lächeln die Stille der Tiefebene. Denn er weiß: Das beste Bier stammt traditionell aus dem Norden. Und ohne die Entwicklungshilfe, die einstmals von hier ausging, wäre Bayern vielleicht noch heute eine Zwergnation in Sachen Gerstensaft…

Zur Anregung der Sinne brauen sich die Norddeutschen seit Jahrtausenden Bier; schon der römische Autor Tacitus (58–120 n. Chr.) berichtet in seinem Werk *Germania* ausführlich und *süffisant* über den maßlosen Konsum des Getränks, den die »Barbaren« im Norden an den Tag legten. Diese tüftelten über etliche Generationen hinweg an immer neuen Methoden und Rezepten zur Vervollkommnung ihres liebsten Durstlöschers.

Ganz offenbar erfolgreich, sehen doch wahre Kenner des goldenen Tranks seit vielen Jahrhunderten als Epizentrum der modernen Bierwelt einhellig ein hübsches, norddeutsches Hansestädtchen an: Einbeck in Niedersachsen!

Die Braumeister der Stadt hatten nämlich im ausgehenden Mittelalter ein ausgesprochen leckeres obergäriges Bier entwickelt, das durch seinen relativ hohen Alkoholgehalt praktischerweise sehr gut haltbar und damit: transportierbar war. Der exzellente Ruf dieses edlen Getränks hallte durch Europa und so wurde es – ähnlich wie Champagner heute – zu einem gefragten Luxusartikel der Reichen und Schönen zwischen Stockholm und Norditalien, Riga und Antwerpen.

Als vielleicht erster Werbetexter der Neuzeit wurde für die Verbreitung dieses Edelstoffs kein Geringerer als der Kirchenreformator Martin Luther gewonnen – wenn denn die Legende stimmt. Angeblich soll er nämlich nach dem Genuss eines kräftigen Schlucks vom Einbecker auf dem Reichstag zu Worms spontan gedichtet haben: »Der beste Trank, den einer kennt, der wird Einbecker Bier genennt.«

Belegt ist auf jeden Fall, dass Herr Luther zu seiner Hochzeit einige Fässer dieses Tranks ungeheure 200 Kilometer nach Wittenberg spedieren ließ.

Zu dem Kundenkreis der norddeutschen Braumeister gehörte seit 1555 ferner auch der Hof der Wittelsbacher, also der Herrscher über Bayern. Die importierten erst einmal fleißig aus dem Norden, bis sie 1573 auf die Idee verfielen, ein eigenes *Hofbräuhaus* zu gründen (zuerst auf Burg Trausnitz, dann in München, wo es noch heute steht). Vielleicht waren ihnen die Importe einfach zu teuer geworden, vielleicht konnten die Einbecker auch einfach nicht genug für die Suffköppe im Süden liefern – die genauen Gründe kennt man nicht.

Das mit dem Selbstgebrauten schien aber irgendwie nicht sooo der große Hit gewesen zu sein: Im Jahre 1614 wurde der Braumeister Elias Pichler *(Sprachwissen-*

schaftler sind sich übrigens uneinig, aber ... womöglich stammt der Begriff »picheln« – also vulgo: »saufen« – von ebendiesem Namen her!) für viel Geld aus Einbeck abgeworben, um den bayrischen Gerstensaft auf Vordermann zu bringen.

Nun endlich begann auch trinkbares Bier *made in Bavaria* aus dem Zapfhahn zu sprudeln. Ainpöckisch Bier wurde das genannt – so klingt Einbecker Bier auf Bayrisch. Wenn man es genau nimmt, hätte es Bier nach Einbecker Art heißen müssen – aber wir wollen ja nicht kleinlich sein. Zumal die maulfaulen Südländer im Laufe der Jahre eh die Verballhornung Bockbier daraus machten ...

Als solches kennen – und lieben – es viele noch heute.

In Nord *und* Süd.

Allerdings wollen wir uns einen Nachsatz erlauben, gerade angesichts des kühlen, blonden Pilseners, das wir gerade trinken. Bockbier à la Einbeck ist ein Auslaufmodell: Rund 70 Prozent aller Biere, die heute in Deutschland getrunken werden, sind »nach Pilsener Art« gebraut!

Die sind untergärig und ... ach, lassen wir das Fachsimpeln!

Nur kurz: Diese Bierart wurde 1842 ausgerechnet von einem Bayern im tschechischen Pilsen entwickelt – also rund 300 Jahre nachdem ein Norddeutscher den Bayern das Biermachen beibrachte ...

So ist der Lauf der Welt – und das ist gut so!

DIE WEINE DES NORDENS

Wein war in Norddeutschland zu keiner Zeit ein großes Thema. Das Massenrauschmittel der Rheinländer, Pfälzer und noch so vieler anderer Völker in Südeuropa, schwappte nie hinweg über die deutschen Mittelgebirge. Einer der wichtigsten Gründe dafür ist wohl, dass es dem Imperium Romanum einfach niemals gelungen ist, die kauzigen Nordlinge zu domestizieren und ihr mooriges Land zu einer römischen Provinz zu machen. Wäre ihnen dies gelungen, so wäre mit ihnen wahrscheinlich auch der Weinanbau gekommen, wie in allen anderen Gebieten, die von den Römern unterworfen wurden. Ihre Legionäre mussten nämlich bei Laune gehalten werden – und das ging am besten mit einem beschwingenden Schluck Heimat. Zur garantierten Dauerversorgung begann man seinen Anbau am liebsten gleich vor Ort, auf der eroberten Scholle. Oft sehr erfolgreich und nachhaltig, wie man noch heute an Weinländern wie Frankreich, Spanien und Hessen sieht. Wären die lateinischen Besatzungstruppen nicht gewesen – vielleicht würde man hier noch heute ausschließlich Bier oder Met trinken, zur Not auch *Äppelwoi*. Durch alkoholische Gärung entstandene Getränke an sich waren nämlich bereits lange vor den Römern in ganz Europa beliebt. Nur eben die besondere Variante mit den Weintrauben kannte man nicht überall.

Doch selbst *wenn* die römische Weinexpansion nicht durch beherzte Biertrinker aus Norddeutschland gestoppt worden wäre, *wenn* die Legionäre aus Rom ihre Kastelle auch in der norddeutschen Tiefebene errichtet hätten, *wenn* heute auf Landkarten die historischen Grenzen des Imperiums erst irgendwo an der Ostsee liegen würden ...

Es bliebe immer höchst fraglich, ob ihr übliches Konzept von *Kolonialisierung + Wein* hier aufgegangen wäre, ob ihre Rebstöcke hier dauerhaft gewurzelt hätten.

Die norddeutschen Kaufleute kultivierten das Weintrinken, um sich vom gemeinen Biertrinker abzuheben. Ob es solch wunderschöne Anbaugebiete wie hier in der Region Bordeaux auch irgendwann im Norden geben wird, ist fraglich. Dann doch lieber weiter den guten Tropfen aus Frankreich importieren.

Die Weinpflanze stammt nämlich ursprünglich aus Persien, wo sie vor rund 4000 Jahren domestiziert wurde, nachdem man erkannt hatte, dass sich aus ihren Trauben ein Trank bereiten ließ, der nicht nur lecker war, sondern einen auch noch lustig machte. Nun liegt Persien aber recht weit im Süden, die Sonne scheint dort also oft, die Luft ist warm und der Boden eher trocken. In diesem Klima der Heimat gedeiht aller Wein prächtig. All das aber, was das typische norddeutsche Seeklima doch gerade so reizvoll macht, mag der Wein nun so gar nicht. Dunkelheit, Wind, Kälte und Regen – da kann er bestenfalls nur ein paar kleine, sehr saure Trauben anbieten. Zumal auch noch die Anbaubedingungen, die Norddeutschland allgemein bietet, nicht seinen Standards entsprechen. Der Wein ist nämlich ein Asket, er liebt karge, felsige Hanglagen. Mit einem fruchtbaren, schwarzen Marschboden in einer endlosen Tiefebene kann er wenig anfangen ...

Bisher scheiterten also über kurz oder lang alle Versuche, ihn im Land zwischen Nord- und Ostsee zu etablieren. Bier und Köm wachsen hier einfach besser, sie blieben also immer das Standardgetränk des Nordens.

Dennoch kam Ende des 13. Jahrhunderts der vergorene Traubensaft bei den hanseatischen Kaufleuten in Mode – vermutlich, weil sie sich von den vulgären Biertrinkern abheben wollten. Sie vermarkteten ihren fashionablen Drink unter dem Namen Rotspon. Was auf Hochdeutsch nichts anderes heißt als *Rotwein* – und tatsächlich einer ist. Das Luxusprodukt wurde aus einer der großen Weinregionen im Süden importiert: Bordeaux. Das hatte praktische Gründe: Die Stadt liegt direkt am Atlantik, die Hansekoggen konnten also schnell und bequem dorthin segeln, die Ware an Bord nehmen und ebenso schnell wieder zu den durstigen Endverbrauchern in den Hafenstädten Lübeck, Bremen, Hamburg und Rostock zurückkehren. Weine aus einer anderen, geografisch vielleicht näher gelegenen Region auf dem Landweg zu transportieren, wäre viel aufwendiger und teurer gewesen. Bordeaux war aber auch ansonsten eine gute Wahl, noch heute werden dort einige der besten Rotweine der Welt produziert.

Glaubt man den Beschreibungen der Zeit, dann wurde der französische Wein in den Händen der Norddeutschen sogar noch besser. Und man glaubt es gern, denn es macht aus verschiedenen Gründen durchaus Sinn:

Die Hanseaten verwendeten für den Transport der edlen Tropfen nur frische Fässer aus exzellenten Hölzern. Im Anbaugebiet selbst wurde der Wein häufig nur in Fässern minderwertiger Qualität gelagert, die womöglich aus Kostengründen auch noch ein paarmal zu oft benutzt worden waren – wodurch der Wein erheblichen Schaden nehmen kann.

Bei dem Schiffstransport kam der Wein durch das Rollen der Boote buchstäblich in Bewegung – was unter Umständen einen positiven Effekt auf seine Qualität gehabt haben mag (man denke an den Aquavit, der bis heute durch die gleiche Methode verbessert und: verteuert wird!)

Am Zielort wurde der Wein zumeist nicht gleich verkauft, sondern unter optimalen Bedingungen (welche die Hersteller oft nicht zu bieten hatten) in Kellern gereift.

Die Kellermeister der Hanseaten entwickelten immer raffiniertere Methoden, Weine verschiedener Herkunft miteinander zu vermischen, um das Optimum an Geschmack herauszubekommen. Dieses Prinzip übernahmen übrigens später wiederum die Bordelaiser: Der Bordeaux von heute ist immer eine sogenannte *Cuvée* (also eine *Mischung*) aus den Säften verschiedener Traubensorten. Allerdings immer nur aus einem begrenzten Gebiet und einem Jahrgang.

Erst mit der Erfindung der Eisenbahn, die es ermöglichte, Weine auch aus anderen binnenländischen Regionen durch ganz Europa gen Norden zu verfrachten, schlief die Tradition des Rotspons langsam ein.

Einige Marketingexperten aktivierten sie Ende des 20. Jahrhunderts wieder. Allerdings haben die Rotspons von heute allermeist wenig mit dem traditionellen gemein. Da »Rotspon« keine geschützte Bezeichnung ist, kann man von irgendwoher irgendeinen Rotwein importieren, der nie ein Holzfass oder gar ein Schiff gesehen hat, ihn in eine Flasche füllen und ein hübsches Etikett daraufkleben, das einem »hanseatische Tradition« vorgaukelt. Da sollte sich der Weinliebhaber lieber einen ordentlichen Bordeaux leisten – der kommt dem Urrotspon schon näher!

Oder aber er ist wagemutig und versucht es einmal mit einem Wein *made in Norddeutschland?*

Seit einigen Jahren bemüht sich eine Handvoll von Visionären, den Norden doch noch zu vinifizieren. Im Zuge der globalen Erderwärmung sind die Temperaturen hier nämlich nachweislich gestiegen, sie nähern sich immer mehr jenen »klassischer« Weinbauregionen. Dort wird schon jetzt von Jahr zu Jahr der Anbau althergebrachter Rebsorten immer schwieriger, weil diese den Klimawandel nicht vertragen. Dafür liest man dort jetzt Weintrauben, die vor einige Jahrzehnten noch nur südlich der Alpen gediehen!

Gut möglich also, dass demnächst ein Riesling aus dem Rheingau, der es noch nie so heiß mochte, an irgendeinem Elbhang um Asyl bitten wird …

Noch setzen die Winzerpioniere in Norddeutschland allerdings lieber auf neue Züchtungen wie Phoenix oder Solaris. Sie sind speziell designt auf das raue Wetter der Küste, geschmacklich aber einstweilen noch gewöhnungsbedürftig.

Und noch sind die Weingüter meist nur winzig, weil es rechtlich unglaublich kompliziert ist, außerhalb der traditionellen Regionen önologisches Neuland zu erobern. Doch das mag sich langsam ändern. So wurde bereits 2005 in Mecklenburg-Vorpommern ein Anbaugebiet offiziell anerkannt, das Stargarder Land.

Sehen wir also, wie es weitergeht. Und:

FINANZTIPP

Kaufen Sie schon jetzt ein Stück Elbhang mit Südlage! In ein paar Jahren wird man hier sicher prima Riesling anbauen können …

ÜBERLEBENSTIPPS FÜR ANFÄNGER & FORTGESCHRITTENE

Langsam, aber sicher siedelt sich der Wolf wieder bei uns in Norddeutschland an; einfache Verhaltensregeln helfen allerdings über den unwahrscheinlichen Fall einer Begegnung hinweg

WENN DER WOLF KOMMT

»Und Wölfe! Manchmal sind dem armen Mann, der die Post austrägt, nicht weniger als zwölf von ihnen auf den Fersen. Bestimmt geschieht es nicht wenigen, dass die Wölfe ihr Pferd zerfleischen, und am nächsten Tag findet man von den Unglücklichen nur noch die Stiefel.«

So zitiert der ungarische Dichter **BERTALAN SZEMERE** in seinem Reisetagebuch einen Polizeibeamten. Freilich keinen unterkühlten norddeutschen, sondern einen redseligen tschechischen – der also möglicherweise (wie sein Landsmann Schwejk) einen Hang zur humorvollen Übertreibung gehabt haben könnte. Zudem stammt der Text nicht aus der Gegenwart, er wurde bereits 1840 veröffentlicht. Es gibt aber kaum einen besseren, der uns zeigt, wie tödlich Angriffe von Wölfen sein können – außer dem Standardwerk *Rotkäppchen und der böse Wolf* natürlich …

Seit dem 19. Jahrhundert galt das »gefährlichste Raubtier des europäischen Kontinents« in Norddeutschland als ausgerottet. Doch mit Beginn des 21. Jahrhunderts schlich es sich aus den Weiten des Ostens wieder ein. Ein paar Hundert Exemplare sind es inzwischen wohl schon, die sich in der Tiefebene verlustieren. Allerdings scheinen sich diese Spätaussiedler in den letzten 200 Jahren Manieren angewöhnt zu haben: In Norddeutschland musste bisher kein einziger Postbote sein Leben lassen, im Rest von Europa wurden in den letzten 50 Jahren auch nur neun Menschen zur Wolfsbeute *(in fünf dieser Fälle waren die Tiere tollwütig, also zählen sie nicht wirklich)*. Die Caniden von heute gelten als sehr scheu im Allgemeinen und extrem misstrauisch gegenüber Menschen im Besonderen. Die meisten Experten meinen daher, dass es *sehr* unwahrscheinlich ist, jemals einen Wolf in den nordischen Weiten vor die Augen zu bekommen. Aber was, wenn plötzlich doch ein Wolf vor Ihnen steht? Dann kommt es ganz auf die Situation an:

1. SIND SIE UNBEWAFFNET ALS FUSSGÄNGER UNTERWEGS:

- Bewahren Sie die Ruhe! Rennen Sie keinesfalls panisch weg – der Wolf könnte Sie als rehgleiches, leckeres und einfach zu jagendes Beutestück wahrnehmen.

- Lernen Sie aus den Fehlern anderer: Lassen Sie sich NIEMALS von einem Wolf in ein Gespräch verwickeln! Und wenn doch: Verraten Sie wenigstens nicht die Adresse Ihrer Großmutter.
- Bewegen Sie sich nur langsam – meist geht der Wolf dann alsbald gelangweilt ab. Gelingt es Ihnen ausnahmsweise nicht, ihn zu Tode zu langweilen, fahren sie folgendermaßen fort:
- Entfalten Sie Ihr Selbstbewusstsein – wie damals beim *Tschaka*-Seminar! Machen Sie sich größer, als Sie eigentlich sind!
- Stehen Sie dem Wolf breitbeinig wie ein Nationaltorwart beim Elfmeter gegenüber! Drehen Sie ihm keinesfalls Ihre Seite zu – dies sieht er als Provokation *(und zugleich auch: als Einladung zum Imbiss)*.
- Sehen Sie ihm NIEMALS direkt in die Augen – auch dies ist für ihn eine offene Drohung!
- Wölfe sind lärmempfindlich. Machen Sie also Krach! Wenn Sie gerade keines dieser praktischen Taschenalarmgeräte dabeihaben: Klatschen Sie in die Hände! Halten Sie eine laute, inbrünstige Ansprache *(über die Notwendigkeit von Veganismus zum Beispiel)*! Spielen Sie ihm Ihre neusten Lieblingssongs *(idealerweise von* Rammstein *oder* Helene Fischer*)* auf Ihrem Handy vor! Oder singen Sie zum ersten Mal seit Langem mal wieder selbst!
- Das Werfen von Gegenständen ist nur bei älteren Tieren zu empfehlen: Junge Wölfe könnten es als Aufforderung zum Spiel missverstehen – und apportieren am Ende gar noch das Geworfene ...
- Treten Sie einen langsamen, geordneten Rückzug an.

2. SIND SIE AUF DEM FAHRRAD UNTERWEGS:

- Wölfe folgen instinktiv schnellen Bewegungen, das Tier registriert Sie also wahrscheinlich als eine Art »Essen auf Rädern«. Unterbrechen Sie bitte sofort Ihre Fahrt, steigen vom Rad und folgen den unter 1. genannten Ratschlägen.

3. SIND SIE ZU PFERD UNTERWEGS:

- Gewöhnen Sie Ihr Pferd **VOR DEM ERSTEN AUSRITT** ein paar Wochen lang mit gemieteten Wölfen (gibts beim Tiertrainer für Filme – tollwütige Hunde tun es aber im Prinzip auch) daran, beim Anblick von feindseligen Caniden nicht in Panik zu verfallen. Steigen Sie beim Anblick des Wolfes ruhig vom Pferd und verfahren dann wie unter 1. beschrieben weiter. Allerdings nur, wenn Sie Ihr Pferd auch gegenüber Lärm (zum Beispiel Schlagern von Helene Fischer) desensibilisiert haben.

4. SIE SIND EIN KLEINKIND:

- Rennende, schreiende, quiekende Kleinkinder, die zudem auch immer mal wieder hinfallen ... ein Wolf kann sie schon allein wegen dieses typischen Beutetierverhaltens nicht von seiner üblichen Kost unterscheiden. Du musst daher ganz schnell diesen Unfug lassen und dich ab sofort wie ein Erwachsener benehmen! Danach weiter wie unter 1. beschrieben.

5. DU BIST EIN HUND, DER MIT SEINEM HERRCHEN ODER FRAUCHEN GASSI GEHT:

- Knurren? Zähne fletschen? Einen auf dicke Hose machen?
- *Versuch es gar nicht erst! Für einen Wolf bist du einfach nur: OPFER ...!*
- Lauf lieber, wenn du kannst! Der Wolf ist aber meist schneller als du – viel Glück.
- Kluge Wauwis suchen Zuflucht beim Frauchen oder Herrchen; die holen dich schon – wie üblich – irgendwie aus der Bredouille.

5. SIND SIE BEWAFFNET ALS JÄGER UNTERWEGS:

- Wie üblich: laden/entsichern/zielen/Feuer!
- Entfernen Sie sich danach zügig. Das Aufschneiden des Wolfes mit einer

Schere ist sinnlos: Rotkäppchen und die Großmutter im Inneren des Wolfes sind nach Ihrem Kugelhagel sicher nicht mehr zu retten.

- Verlieren Sie kein Wort über die Sache – sie ist nie geschehen.
- Sie können dieses Verfahren auch durchführen, wenn Sie mit dem Pferd oder Fahrrad unterwegs sind.

»MOIN« SAGEN – WENN ES DENN SEIN MUSS

Wenn schon – dann bitte als Gruß zu jeder Tageszeit! Das sollte längst allgemein bekannt sein. Trotzdem kann man es nicht oft genug wiederholen: Antworten Sie um Gottes willen bitte niemals mit so etwas wie: »Aber es ist doch gleich Abendessenzeit!« – auch nicht im Scherz! Damit ziehen Sie nur den Unmut der norddeutschen Ureinwohner auf sich – was sich eventuell negativ für Sie auswirken kann. Zum Beispiel in Form einer überteuerten Kurtaxe in Timmendorf oder einem Brötchen mit Gammelkrabben auf dem Hamburger Fischmarkt.

Das *Moin* hat nämlich nichts mit der frühen Stunde zu tun – auch wenn die Preußen in Berlin und Umland die fast gleich klingende Lautkonstruktion »Morjen« benutzen und mit diesem (meist eher gegrunzten) Sound früh am Morgen zu grüßen pflegen. Das norddeutsche *Moin* jedoch, da sind sich (fast) alle Linguisten einig, basiert auf dem ostfriesischen Wort *moi*, was einfach nur »gut«, »prima«, »toll« bedeutet. Und etwas Gutes kann man sich schließlich zu jeder Tages- und Nachtzeit wünschen!

Bedenkenswert ist allerdings, dass das *Moin* von alters her eigentlich kein allgemeingültiger Gruß unter Norddeutschen ist: Es hat sich erst seit Beginn des 20. Jahrhunderts von der friesischen Nordseeküste, wo es tatsächlich schon seit etlichen Jahrhunderten in Gebrauch ist, gen Osten ausgebreitet. War es anfangs nur eine Art Geheimcode, mit dem sich die Küstenbewohner untereinander als solche zu erkennen gaben, wurde es immer schneller zu einem Modewort unter regionalstolzen Norddeutschen. Über Schleswig-Holstein und das westliche Niedersachsen

Auch beim Nordderby Hannover 96 – St. Pauli werden die hanseatischen Gäste in ihrer Landessprache begrüßt

kam es vor über 30 Jahren nach Hamburg – und von dort in die Welt. Die derzeitige Sprachgrenze liegt ungefähr an der Landesgrenze zu Mecklenburg-Vorpommern. Dort bevorzugt man bis heute eher das traditionelle nordisch-universelle *Tach*.

Dieses versteht – und benutzt! – bis heute auch ein Bewohner der friesischen Inseln – freilich parallel zu dem M-Wort ...

Letzteres wird aber sicher bald auch im Osten in die Alltagssprache übernommen werden – denn der Siegeszug des *Moin* in die ganze Welt scheint unaufhaltsam. Es lässt sich halt lockerer aussprechen als *Guten Tag* und klingt einfach tausendmal cooler als *Grüß Gott*! Selbst in südbadischen Gasthäusern wird man nur noch selten scheel angeschaut, wenn man beim abendlichen Eintritt ein fröhliches »Moin!« in die Runde schmettert. Manchmal wird es sogar mit einem zögerlichen »Moin, Moin!« erwidert. Das dann allerdings doch wieder eher wie das berlinische »Morjen« klingt ...

Dieses *Moin, Moin* übrigens – wie auch die weitere Variante *Moinsens* – sind bei wahren Norddeutschen absolut verpönt. Diese unnötig langen Kunstwörter, von denen niemand weiß, wie sie eigentlich entstanden sind, werden nur verächtlich als »überflüssiges Gesabbel« abgetan. Klar: Sie haben ja auch viel zu viele Silben.

Vermeiden Sie daher die Verbreitung dieser Unwörter bitte unbedingt!

Sonst ... Kurtaxe. Verstanden?

GEGEN DEN WIND PINKELN

In Bayern sind fast alle Lederhosen ab einer fortgeschrittenen Stunde des Oktoberfestes ... nicht mehr tragbar. Und rheinländische Karnevalisten sollen sich angeblich gar freiwillig beim Lachen *nass* machen! Anders im Norden: Hier ist das Trockenbleiben überlebenswichtig! In dem semipolaren Klima der Region kann feuchte Kleidung nämlich zu **LEBENSGEFÄHRDENDEN BLASENENTZÜNDUNGEN** oder **LETALEM TMS** *(Tragischem Männer-Schnupfen)* führen. Zudem riecht man in der klaren Luft hier offenbar generell mehr als in jener des Südens ...

Die norddeutschen Ureinwohner haben daher aus dem *sauberen Urinieren* eine Art Wissenschaft gemacht, deren Erkenntnisse aber nur mündlich von Generation zu Generation weitergegeben und immer wieder verfeinert wurden. Um auch Badegäste an diesem unerlässlichen Survivalwissen teilhaben zu lassen: hier der erste Versuch überhaupt, in Schriftform das Thema anzugehen.

Eine Grundvoraussetzung des Gegen-den-Wind-Pinkelns *(GdWP)* ist es, dass der Ausführende männlich ist. Das ist keinesfalls chauvinistisch gemeint, sondern allein der männlichen Anatomie geschuldet, die sich von der weiblichen gerade in Sachen Harnlassen doch sehr unterscheidet; sie eignet sich schlicht und einfach besser für das GdWP (*Ausnahmen bestätigen wie immer die Regel*).

Bei der Tätigkeit an sich treffen zwei Faktoren rein physikalischer Art aufeinander, von deren jeweiligem Verhältnis zueinander das Gelingen oder Missgelingen des GdWP abhängt: zum einen ist da der **GEGENWIND**, zum anderen der **DRUCK DES STRAHLS**. Gibt es keinen Wind, kann man pinkeln, wie man will. Je größer jedoch die Geschwindigkeit des Windes ist – der Kraft also, die gegen den Druck des Harnstrahls waltet –, desto stärker muss der Druck eben dieses Harnstrahls sein, damit man sich eben nicht ... sagen wir es norddeutsch: *vollspackert*. Wie nun aber die Kräfte kalkulieren, damit kein Malheur passiert?

Die Geschwindigkeit des Windes kann man klar feststellen anhand der sogenannten **BEAUFORTSKALA** *(benannt nach ihrem Entwickler, dem Hydrografen der britischen Admiralität: Sir Francis Beaufort, * 1774 / † 1857)*. Diese teilt den Wind in zwölf Stufen ein:

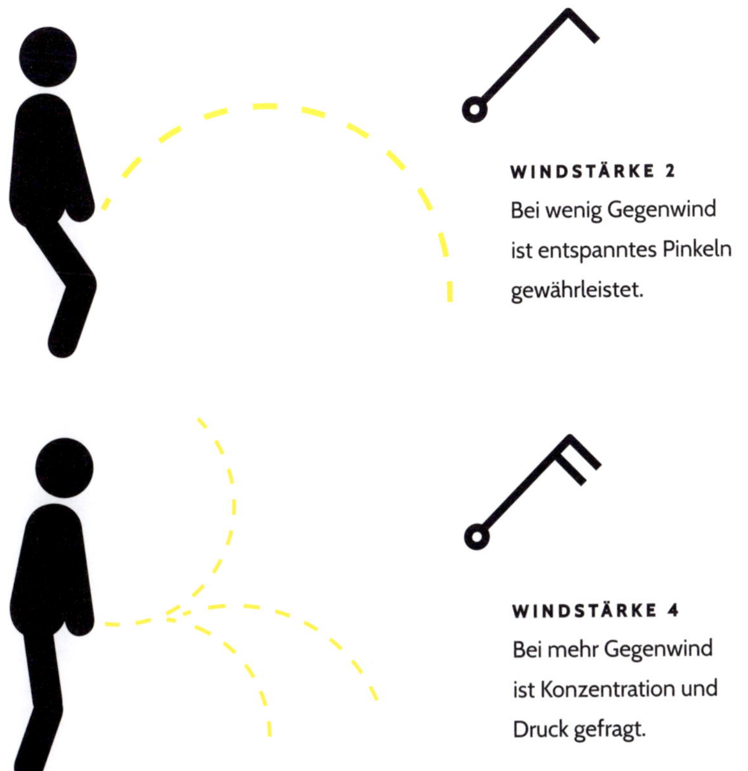

0 steht für absolute Windstille.

3 ist eine schwache Brise, die 12 bis 19 Stundenkilometer erreicht, sodass sich die Zweige der Bäume bewegen.

7 ist ein steifer Wind, gegen den man sich schon mächtig anlehnen muss.

12 ist ein Orkan mit Windgeschwindigkeiten über 117 Kilometer in der Stunde, der schwere Schäden anrichtet.

Der Harnstrahl lässt sich nicht so einfach und exakt bestimmen – obwohl seine Erscheinungsbilder allgemein bekannt sind: Sie reichen von dem Rinnsal, das senkrecht nach unten plätschert, bis zum Modell »hoher Bogen«, mit dem Entfernungen von bis zu sechs Metern erreicht werden. Für die Wissenschaft war es bisher müßig, eine exakte Klassifikation des Harnstrahls aufzustellen; dieser setzt sich nämlich aus zu vielen individuellen sowie temporären Parametern des jeweils Pinkelnden zusammen. *Beispiele: Fülle der Blase, Durchmesser der Harnröhre, Beschaffenheit des Urins (war der Ausgangsstoff Bier oder Tomatensaft?) u. v. m.*

Dabei wäre es heute theoretisch möglich, ein Gerät zu entwickeln, mit dem man die jeweilige Kraft des zu erwartenden Strahls genau bestimmen könnte. Eine Maßeinheit dafür festzulegen – »Pipifort« zum Beispiel –, wäre zwangsläufig der nächste Schritt. Danach fehlten nur noch ein simpler Windmesser sowie eine Formel für die Berechnung des Verhältnisses von Beaufort zu Pipifort – schon ließen sich die Elemente bis an die äußersten Grenzen herausfordern!

Leider lässt uns hier die Wissenschaft aber bis dato im Stich – zumindest offiziell. Einige Forscher machen sich jedoch schon Gedanken über diese wirklich wichtigen Dinge der Welt; sie wollen die Menschheit vor peinlichen Situationen à la Oktoberfest bewahren – allerdings ihre Namen nicht genannt wissen. So können wir hier abschließend – ohne Quellenangabe allerdings – folgende Aussage eines bekannten Meteorologen wiedergeben:

Vorausgesetzt, dass derjenige, der unbedingt gegen den Wind pinkeln muss, seine Blase bereits mit einer recht hohen Menge einer schnell fließenden Flüssigkeit (vulgo: Bier) *gefüllt hat, gehen wir von einem mittleren bis hohen Druck des Harnstrahls aus. Geheime Feldversuche mit verschiedenen Probanden haben unter diesen Bedingungen ergeben, dass maximal 5 Beaufort – eher: 4 – walten dürfen, damit das Wagnis nicht buchstäblich in die Hose geht. 4 Beaufort erkennen wir daran, dass sich die Zweige der Bäume bewegen und loses Papier vom Wind sanft vorangetrieben wird.*

Wenn der Wind aber hörbar in den Ohren pfeift – das tut er ab 6 Beaufort –, dann sollten wir ihm tunlichst den Rücken zuwenden und in Richtung seines Luftstroms unser Wasser lassen! Sonst … bäh!

Verinnerlichen Sie dies bitte – oder benutzen Sie doch gleich für das »kleine Geschäft« eines der neumodischen WCs, die inzwischen auch in Norddeutschland in erstaunlicher Zahl zur Verfügung stehen.

WIE MAN DEN TIDENKALENDER LIEST

Das Wissen um dieses Thema ist überlebensnotwendig, die Materie an sich jedoch leider sehr trocken. Um sie Ihnen so eindringlich wie nötig, zugleich aber auch so unterhaltsam wie möglich nahezubringen, erlauben wir uns einen Kunstgriff: Statt eines wissenschaftlichen Textes gibt es hier ausnahmsweise einmal einen Survivaltipp in literarischer Form. Genauer: als eine Art Kurzgeschichte in norddeutscher Manier, in der Sie nicht nur alles über die Tidenproblematik, sondern auch noch einiges über die Sicht der nordischen Ureinwohner auf ihre Badegäste erfahren können.

Mein Freund Kalle liebt das Watt. Da fährt er – wann immer es ihm möglich ist – hin. Ich war ja auch paarmal dort – aber soooo doll finde ich diese Schlammwüste, die sich alle paar Stunden in Meer verwandelt und dann wieder zurück, ehrlich gesagt nicht. Daher hab ich Kalle mal nach einigen lockernden Bierchen gefragt, was er am Watt eigentlich so schön findet. Das Herumstaksen im Matsch etwa? Vögel kucken, Krebse sammeln, den Wattwürmern beim Häufchenmachen zusehen? Oder – so ganz allgemein philosophisch – die endlose Weite und Freiheit?

Wenn's doof läuft, stakst man nur blöde durchs Watt. Anderseits: Manchen gefällt so eine gepflegte Wattwanderung durch den Matsch ja auch ganz gut. So oder so bitte immer den Tidenkalender richtig lesen!

»Ach watt!«, hat Kalle da gesagt.

»Aber was in Herrgotts Namen machst du dann den ganzen lieben langen Tag am Watt?«

»Na, ich sitze am Deich und schau zu, wie die Badegäste winken! So, wie die Familie Schubart aus Wanne-Eickel zum Beispiel – die wohnen immer in der gleichen Pension wie ich.«

»Aha«, sagte ich tonlos. »Und weiter?«

»Wenn ich da auf meiner Bank am Deich sitze und die winken mir zu, dann winke ich natürlich fröhlich zurück. Und wenn sie denn schnurstracks in den Schlick reingehen, immer weiter auf das Meer zu – also dahin, wo sie vermuten, dass es da ist –, denk ich immer: Na, die sind ja mutig! Aber sind ja auch kluge Leute aus dem Süden – er macht irgendwas mit Ingenieur oder so. Irgendwann sieht man die dann fast gar nicht mehr. Aber dann kommen sie plötzlich wieder ganz schnell angelaufen. Und denn winken sie ganz dolle. Ich wink natürlich wieder zurück – man ist ja nicht unhöflich. Ist ja auch ganz nett, wenn die sich so freuen, einen zu sehen, nich? Aber wie die sich erst freuen, wenn sie durch das Wasser waten! Denn winken sie sogar noch mehr. Ist ja auch erfrischend, das kalte Nordseewasser ... Soll ja sogar gesund sein! Tjaaaa ... und dann kommen sie irgendwann patschnass an mir vorbei. Da winken sie dann aber nicht mehr. Der Vater schimpft: ›Also dieser Tidenkalender – der stimmt doch überhaupt nicht! Die Flut soll hier doch immer erst um 11.17 Uhr kommen! Und jetzt das!‹«

Ich kuck dann immer auf die Nachbarbank, wo einer aus dem Dorf sitzt und auch dem Winken zusieht. Der schüttelt dann nur den Kopf, verdreht die Augen. Manchmal murmelt er dazu noch etwas wie: *Badegäste, sach ich nur, Badegäste! Aber winken können sie schön ...*

»Moment!«, fiel ich da ein. »Wenn im Tidenkalender steht, dass um 11.17 Uhr Hochwasser ist – dann sollte das doch auch um 11.17 Uhr stattfinden! Oder?«

Kalle schaute mich an, als ob er das klassische »Bist ja dumm wie 'n Badegast!« sagen wollte. Er tat es aber nicht, sondern sprach:

»Der Tidenkalender ist ja nicht blöd! Aber wenn da gestern das Hochwasser für 11.17 Uhr notiert ist – dann ist es heute bummelig 50 Minuten weiter! Und morgen noch mal 50 Minuten! Und übermorgen noch mal ... dafür gibt es doch den Tidenkalender!!!« Was für einen Blick ich in diesem Moment draufhatte, kann ich nicht sagen; offenbar führte er aber dazu, dass Kalle plötzlich über sich selbst hinauswuchs:

»Oh Mann, ist doch ganz klar! Die **GEZEITEN** – auch **TIDEN** genannt – ergeben sich durch die Anziehungskräfte des Mondes und der Sonne auf die Erde! Die Erde braucht für eine komplette Drehung um sich selbst 24 Stunden, der gute, alte Mond für einen ganzen Gang am Firmament aber rund 50 Minuten länger! Flut und Ebbe – die sich ja bei dem Ganzen auch noch mal in der Hälfte aufteilen – schwabbern also nicht genau im 12-Stunden-Rhythmus, sondern in einem, der ungefähr 12 Stunden und 25 Minuten dauert! Deshalb schieben sich Hochwasser und Ebbe jeden Tag um rund 50 Minuten. Soll heißen: Wenn gestern das Hochwasser am Tag um 11.17 Uhr war – dann ist es heute um 12.07 Uhr! Und morgen um 12.57 Uhr ... Ist doch klar! Genau deshalb macht man doch den Tidenkalender für jeden Tag! Sonst könnte man ja auch den Kalender von der Bahn nehmen – aber der ist wesentlich ungenauer ...«

Kann gut sein, dass ich in diesem Augenblick ziemlich dämlich dreinschaute. Kalle wahrte Haltung, es entfuhr ihm nur ein abfällig klingender, lang gezogener Laut, der ungefähr wie *Tschaaaaaaa* klang. Stoisch dozierte er weiter:

»Ich gebe ja zu: Selbst Eingeborene kommen mit diesem System manchmal durcheinander. Aber gerade deshalb bin ich ja so gerne am Wattenmeer: Alle winken immer so schön! Muss ja nicht immer für einen selber sein. Ist auch hübsch, durch ein Fernglas zu beobachten, wie Watt-Irrläufer auf einer fast überfluteten Sandbank dem nahenden Seenotrettungskreuzer winken! Manchmal ist es sogar so, dass sie bereits an irgendeinem Signalpfosten mitten im Meer hängen. Umgekehrt geht es aber auch. Zum Beispiel wenn die Ebbe ein kleines Boot erwischt hat, das dann plötzlich auf dem Trockenen liegt. Die Menschen darauf winken dann auch immer ganz herzlich, wenn die DLRG kommt ... Ich mag das einfach, wie man sich im Watt zuwinkt.«

Irgendwie konnte ich nichts darauf erwidern – obwohl ich ja prinzipiell nichts dagegen habe, wenn man sich zuwinkt. Ich nickte Kalle einfach nur anerkennend zu, trank mein Bier aus – und wusste etwas genauer, warum ich das Wattenmeer nicht besonders mag.

Das Gold der Ostsee: Bernstein

WIE MAN SICH NICHT AN BERNSTEIN VERBRENNT

Bernstein – das Gold des Nordens. Seit Jahrtausenden schon sammelt man ihn an den Küsten von Nord- und vor allem Ostsee. Bernsteinküste nannte man die baltischen Gefilde in den antiken Hochkulturen – als man noch glaubte, in dieser fernen, fremden Gegend sei der Rand der Erdscheibe nicht fern, sodass hier schon fast das ständige dumpfe Grollen des Wassers, das in das Weltall fällt, zu hören wäre. Spätestens seit der Bronzezeit war Bernstein – in der Wissenschaft Succinit genannt – einer der größten Exportschlager Norddeutschlands. Man findet ihn unter altägyptischen Grabbeigaben wie auch in lateinischen Pamphleten: Plinius der Jüngere regte sich im alten Rom darüber auf, dass ein kleines Figürchen aus diesem germanischen Material teurer als ein Sklave sei. Noch heute kann man Bernstein finden – wenn man denn bei einem Strandspaziergang die Augen aufhält und einem das Glück gesonnen ist. Bernstein ist fossil gewordenes Harz. Von welchem Baum, weiß man nicht genau. Vermutlich handelt es sich um einen Vorfahren eines heute gängigen Nadelbaums. Im Rohzustand ist so eine versteinerte Baumausscheidung matt. Poliert man sie jedoch ein wenig, wird sie durchscheinend wie ein Edelstein, meist in den Farben Braun, Orange und Gold changierend. Es ist durchaus möglich, dass man in dem Stein Einschlüsse vorfindet: ein Blättchen, ein Stück Baumrinde oder gar ein unglückliches Insekt, das von einem Tropfen der zähen Flüssigkeit überrascht und luftdicht eingeschlossen wurde. In diesem Vakuum konnten sich die Objekte Millionen von Jahren erhalten.

Bernstein ist etwas leichter als Salzwasser, weshalb er an den Meeresküsten angeschwemmt wird und sich dort in der Brandung zwischen Muscheln, Kieseln und vor allem Holzstückchen tummelt. Besonders gern eben an den Küsten der Ostsee, wo es ein besonderer Spaß für Badegäste ist, einmal so einen »Fast-Edelstein« zu finden.

Da gibt es nur ein kleines Problem: Auf der beliebten Badeinsel Usedom in Mecklenburg-Vorpommern kann man braune Bröckchen am Strand finden, die sich ebenfalls zwischen den Strandkieseln wälzen, genauso aussehen wie Bernsteine – aber für den Finder womöglich fatale Folgen haben können. Und zwar dann, wenn er sie aufnimmt, vor Freude über seinen Fund in die Luft springt und ihn sich dann zu den anderen Fundstücken der Strandwanderung in die Hose steckt. Dort trocknet das kleine Steinchen, atmet etwas Luft und ... beginnt plötzlich zu brennen!

Nicht etwa wie ein Streichholz – eher wie eine überhitzte Napalmbombe, die mit 1300° Celsius in Ihrer Hosentasche geradezu explodiert! Und wie Napalm lässt sich das Ganze auch nicht besonders gut löschen. Wasser hilft nur für ein paar Augenblicke, dann flammt das Ding wieder auf. Löschschaum ist natürlich meist gerade nicht zur Hand. Es hilft nur feuchter Sand darauf. Und dann »nix wie weg mit der Büx« – allem Scham zum Trotz. Dabei aber bloß nichts mit den Händen anfassen – sonst brennen die auch noch an. Der vermeintliche Bernstein, den nicht einmal Experten ohne Weiteres von echtem unterscheiden können, ist nämlich in Wahrheit Phosphor, der im Zweiten Weltkrieg als Brandladung in Bomben benutzt wurde. Zu dieser Zeit befand sich ausgerechnet auf der Sonneninsel Usedom eine geheime Heeresversuchsanstalt der Wehrmacht, besser bekannt als Peenemünde, wo unter anderem die ersten Raketenwaffen getestet wurden. Als die Alliierten dies herausgefunden hatten, wurde dieser Ort natürlich ein Ziel erster Güte: Am 17. August 1943 starteten 596 Bomber aus England, um jegliche weitere Raketenentwicklung der Nazis ein für alle Mal zu unterbinden. Leider machten die Zielmarkierer der Royal Air Force einige dumme Fehler; so fiel die gesamte 720 Tonnen schwere Ladung von Spreng- und Brandbomben (darunter die mit dem Phosphor) einfach nur mit leisem Platschen in die Ostsee, statt mit lautem Knall Hitlers Welteroberungsvisionen zu beenden.

Dort, in der Ostsee, unweit der Badestrände Usedoms, liegen die Bomben noch heute. Und rosten und rosten ... sodass nach und nach immer mehr Phosphor aus ihnen tritt, der dann als vermeintlicher »Bernstein« an die Küste dümpelt.

Die Bomben zu bergen, ist viel zu gefährlich. Und viel zu teuer. Wenn Sie trotzdem ausgerechnet in dieser Region nach Bernstein suchen wollen – dann sammeln Sie Ihre Fundstücke bitte in einer Blechdose, die Sie möglichst weit entfernt vom

Körper tragen! Sollte darin tatsächlich einmal eines Ihrer Sammelobjekte in Flammen aufgehen, können Sie diese Dose bequem von sich entfernen. Schade nur, wenn sich zu diesem Zeitpunkt bereits auch echte Bernsteine darin befunden haben sollten: Die zersetzen sich nämlich schon komplett bei Temperaturen über 300° Celsius...

ANGELN

Um den Erfolg einer Expedition durch die endlosen Weiten Norddeutschlands zu sichern, empfehle ich, die Kunst des Angelns zu beherrschen! Unzählige Bäche, Flüsse, Seen und Meere laden dazu ein, den Reiseproviant um eine schmackhafte, gesunde, jodhaltige, cholesterinreduzierte Delikatesse zu erweitern: **FISCH**!

Dieser steht schon seit der Eiszeit fest auf dem Speiseplan der Ureinwohner – und noch heute lassen es sich viele von ihnen nicht nehmen, ihren Urinstinkten freien Lauf zu lassen und die Beute eigenhändig zu erlegen. Angeln heißt nämlich vor allem: warten, Geduld haben, einfach mal so dasitzen – Tugenden, die ja gerade der Norddeutsche von klein auf beherrscht.

Das Grundprinzip hat sich seit dem Neolithikum wenig geändert: Man befestigt einen Haken an einer Schnur, wirft ihn ins Wasser und wartet, bis ein Fisch hineinbeißt und daran hängen bleibt, sodass man ihn herausziehen und zubereiten kann. Um die Wurfweite des Hakens zu erhöhen, sodass man sich nicht in unmittelbarer Nähe des selbigen befindet und damit die Wasserbewohner womöglich misstrauisch macht, ist man schon früh darauf gekommen, die Haken-Schnur-Kombination an den Enden von langen Ruten, Ästen etc. zu befestigen. Zudem erkannte man ebenfalls zu einem frühen Zeitpunkt, dass es sinnvoll ist, oberhalb des Hakens etwas Schwimmbares – und sei es auch nur ein Stückchen Holz – zu befestigen, damit er nicht auf den Boden des Gewässers sinkt; gleichzeitig sollte der Haken selbst aber etwas beschwert werden, damit er ein kleines Stück unterhalb der Wasseroberfläche dümpelt. Und dann ist da noch die Wissenschaft, wie man das Beißen in den Haken für den Fisch verlockend gestaltet – denn so gierig sind die Viecher nun doch nicht, dass sie alles anhappsen müssen, was ihnen vor die Kiemen kommt. Die

Angler in Stralsund an der Ostsee

Traditionalisten benutzen dafür seit der Zeit der Höhlenmalereien Würmer, Fliegen oder sonstige potenzielle Fischnahrung; Menschen mit einem Sinn für das Moderne nehmen heute auch gerne Blinker aus Metall, aus Kunststoff hergestellte Fliegen oder gar kleine Roboter, die perfekt die subaquatischen Charakteristika einer bestimmten Lieblingsspeise eines bestimmten Fisches simulieren.

Bis heute fehlt es leider an wirklich verlässlichen Statistiken darüber, ob der Haken aus Horn, den man mit einer Tiersehne an eine Weidenrute band, wirklich soooo viel weniger Fische anlockte als die ultramoderne Hightech-Tsetsefliegen-Attrappe an einer extradünnen Schnur aus Polyethylensonstwasgedöns, die mit einer Rute aus doppelkohlensaurem Titanoxydattralala kilometerweit über einen See geschleudert wird. Aber wie auch immer: Das Grundprinzip des Angelns hat sich seit den Zeiten der Mammuts kaum geändert. Bis auf eines:

VORSICHT!

Angeln darf im Norden heutzutage nur, wer über einen gültigen **FISCHEREISCHEIN** *und* – je nach Region – über einen aktuellen **FISCHEREIERLAUBNISSCHEIN** verfügt! *Sollten Sie ohne diese Papiere beim Fischfang erwischt werden .... ach, daran sollten Sie nicht einmal denken!*

TIPP

Fisch für die Phosphorversorgung des Gehirns gibts auch in jedem Dorfsupermarkt der norddeutschen Weiten zu kaufen! Zur Not tiefgekühlt ...

Sich bis zum Kopf im Sand einbuddeln zu lassen, kann sichtlich Freude machen

BIS ZUM KOPF IM SAND EINGEBUDDELT SEIN – ABER RICHTIG!

Immer wieder wird von einer mysteriösen Verhaltensabnormität an norddeutschen Stränden berichtet: Menschen wollen sich ganz plötzlich »einfach einmal bis zum Kopf in den Strandsand einbuddeln« lassen! Zumeist überkommt dieses Verlangen Badegäste aus dem Süden. Es sind allerdings auch Fälle bekannt, in denen norddeutsche Ureinwohner dem unheimlichen Drang nicht standhalten konnten. Gemutmaßt wird zudem, dass dieses Einbuddeln nicht immer freiwillig vonstattenging – und die möglichen letalen Folgen durchaus von Dritten in Kauf genommen wurden. Wie auch immer: Für den Fall, dass Sie eines Tages die plötzliche rauschhafte Wahnvorstellung haben sollten, dieses »Ritual« unbedingt an sich selbst vollführen zu lassen (oder an anderen zu vollführen) – hier ein gewisses, durch einige Experimente halbwegs fundiertes Basiswissen, das Sie so schnell wie möglich verinnerlichen sollten! Für den Fall der Fälle …

Es gibt drei verschiedene Arten, wie man jemanden bis zum Kopf in den Sand einbuddeln kann:

a) Man gräbt das Loch so tief, dass das »Opfer« aufrecht bis zum Hals darin stehen kann. Dann lässt man vorsichtig an den Rändern feinen, trockenen Sand einrieseln, bis alle Hohlräume ausgefüllt sind. Nachteile dieser Methode: Sie ist sehr aufwendig und es ist äußerst umständlich, die eingebuddelte Person wieder zu befreien. Aus eigener Kraft kommt sie aus ihrem Gefängnis nämlich nicht mehr heraus. Vorteile: Es ist wirklich *sehr, sehr umständlich*, das »Opfer« danach wieder zu befreien! Darum versucht es auch kaum jemand ernsthaft. Aus diesem Grunde wird die Eingrabeart »Methode Mafia«, »spiel mir das Lied vom Sand« oder auch nur »finale Variante« genannt.

TIPP

Fragen Sie beim Strandwart oder bei der Kurverwaltung einfach, ob Sie sich den »kleinen Bagger« kurz einmal leihen können. Bestimmt hilft man Ihnen gern weiter!

b) Man gräbt eine Kuhle ähnlich wie unter a beschrieben, aber nur so tief, dass der Kopf des »Opfers« schon beim Knien oder Sitzen über den Grubenrand ragt. Wieder wird feiner Sand eingerieselt. Vorteile: Man muss nur halb so viel buddeln, um einen ähnlichen Effekt wie bei Methode a zu erreichen. Nachteile: Die »Opfer« erleiden schneller Haltungsschäden. Außerdem können sie sich unter Umständen selbst befreien.

TIPP

Etwas Valium, Rohypnol, K.-o.-Tropfen o. a. (zum Beispiel in einer Bowle vorab dargereicht) entspannen die künftigen »Sandköpfe« ungemein, sodass Haltungsschäden und Selbstbefreiungen fast ausgeschlossen sind.

c) Man gräbt ein Loch von der gesamten Körperlänge des »Opfers« – ziemlich genau wie ein Grab, allerdings längst nicht so tief. Es reicht also eine Basisgrube von vielleicht 50 Zentimetern Tiefe, die zu einer Seite hin bis zu circa einem Meter schräg abfallend ausgebaut wird. Dieses Schräg-eingegraben-Werden hat eigentlich nur Vorteile: Das Erdreich ist wegen der geringen Lochtiefe für den Grabungsleiter einfach zu bewegen. Das »Opfer« liegt am Ende bequem im Sand wie auf einer Strandliege mit Schräglage. Nur eben: unterirdisch. Ob es sich von selbst befreien kann? Probieren Sie es aus!

TIPP

Um später Sand an Körper und Kleidung zu vermeiden, sollte das »Opfer« vorab in eine Plastikplane o. Ä. eingeschlagen werden. Bei »nordischem« Seewetter empfiehlt sich besonders die Rettungsdecke aus dem Verbandskasten Ihres Kfz, da sie zusätzlich auch Unterkühlungen verhindert. Diese aber bitte unbedingt sofort durch eine Originalverpackte ersetzen! (s. § 35h StVZO)

WISSEN, WO NORDEN LIEGT

Generell für alle Erdenbewohner, besonders aber für Norddeutsche, ist es ausgesprochen nützlich, immer zu wissen, wo Norden liegt. Dann weiß man zum Beispiel, wo genau sich die Sonne um Mitternacht befindet. Was sich in Einzelfällen angeblich als durchaus hilfreich erwiesen haben soll. Noch wichtiger jedoch ist das Wissen, wenn man nach Norddeutschland reisen möchte; für die Nordlinge ist es sogar nahezu essenziell, wenn sie aus der Fremde den Weg nach Hause suchen.

Nur 9 der 192 offiziell anerkannten Staaten dieser Erde liegen *noch nördlicher* als Norddeutschland – das sollte das Anpeilen einer groben Richtung heimwärts doch auf jeden Fall relativ einfach machen, oder?

Klar: Am einfachsten ginge das mit einem modernen GPS-Navigationssystem.

Aber stellen Sie sich jetzt zum Beispiel mal vor, Ihr Navi würde mit erotischer Frauenstimme hauchen: »Sie haben Ihren norddeutschen Heimatort erreicht« – und vor Ihnen würde gerade eine Kamelherde durch eine Wüste traben! Solche Fälle soll es ja schon gegeben haben ... Was dann?

Ein Kompass ist Gold wert, aber nicht die einzige Methode, um im Norden den Überblick zu behalten

Also: Wenn Sie sich nicht gerade in Dänemark, Schweden, Norwegen, Finnland, Island, Litauen, Lettland, Estland, Russland oder Kanada befinden…immer erst mal nach Norden fahren!

Und wenn es dann irgendwann anfängt, kühl zu werden und zu regnen, das Zielgebiet also klimatisch erreicht ist: Einfach den Taxifahrer an der nächsten Ecke nach dem weiteren Weg fragen – im Idealfall wird er Sie nun direkt vor Ihre Haustür bringen. Im schlimmsten Fall zum Flughafen von Vancouver. Doch wie findet man die Grundrichtung für den Weg nach Norden, zu dem Taxifahrer, vor die Haustür? Hier die gängigsten und erprobtesten Methoden:

1. DIE KOMPASS-METHODE

Sie haben – wie jeder gute Reisende – einen klassischen Magnetkompass bei sich. **ACHTUNG!** Nicht dort, wo auf dessen Rosette »N« steht, ist auch automatisch Norden! Sehen Sie auf den Zeiger! Nur in der Richtung, in die seine nach Norden gepolte Seite zeigt – sie ist eigentlich immer irgendwie besonders markiert –, liegt auch Norden. Dorthin wollen Sie!

Drehen Sie also das »N« auf diese Position! Dann wissen Sie zur Sicherheit auch gleich, wo Osten (O), Süden (S) und Westen (W) liegen – also jene Richtungen, in die Sie *nicht* wollen!

2. DIE UHR-METHODE

Sie haben den Kompass vergessen? Kein Problem! Denn Sie haben wenigstens eine Uhr, oder? Warten Sie einfach, bis es 12 Uhr mittags ist: Dort, wo dann die Sonne steht, ist ungefähr Süden. Genau in der entgegengesetzten Richtung liegt der geliebte Norden. Aber ACHTUNG! Diese Methode funktioniert nur außerhalb der

Sommerzeit bzw. in Ländern, die keine Sommerzeit haben! In Sommerzeitländern muss man bis 13 Uhr warten – dann ist das Prozedere jedoch das gleiche.

3. DIE ANTIKE METHODE

Die Menschen der Antike – also zum Beispiel Griechen, Römer und Wikinger – kannten weder Kompass noch Uhr. Trotzdem wussten sie immer ziemlich genau, wo Norden liegt. Zumindest in sternklaren Nächten: Denn da strahlt (bis heute) der Polarstern! Dieser hat seine Position fast genau über dem Nordpol – und wandert daher praktisch nicht über den Nachthimmel. Ein prima Wegweiser gen Norden in der Nacht – allerdings nur für die Menschen der nördlichen Halbkugel: Jenseits des Äquators kann man ihn leider nicht mehr sehen…

4. DIE BIO-METHODE

Diese funktioniert zumindest in Europa recht verlässlich: Dort, wohin der meiste Wind den meisten Regen bläst, wächst an den Bäumen das meiste Moos. Das Schietwetter kommt nun bei uns allermeist von Nordwest… das heißt also: Da, wo die Bäume in der Landschaft am bemoosten sind – da ist Nordwesten. Ein Stück rechts davon liegt dann der Grundkurs gen Nord!

5. DIE DEUTSCHE SATELLITEN-METHODE

…hat nichts mit GPS zu tun! Aber wenn Sie einmal auf die Satellitenschüsseln schauen, die Abermillionen von Hausfassaden und Balkons in der Bundesrepublik als neckisches Dekor-Element dienen (und zudem recht praktisch für den Empfang von bummelig 600 TV-Sendern sind), dann wird Ihnen eine gewisse Gleichrichtung auffallen. Kein Wunder – denn die allermeisten peilen den *Astra-Satelliten* an, der für fast jeden Geschmack televisionäre Freuden auf das Land ausstrahlt. Seine geostationäre Position liegt – aus deutscher Sicht – ziemlich genau im Süden; entfernen Sie sich also nun in der entgegengesetzten Richtung von diesem falschen Freudenspender, dann erreichen Sie wohlbehalten das wahrhaft freundliche Nordland.

6. DIE BAHN-METHODE

Um nach Norden zu gelangen, nehmen Sie laut bahn.de von Süden kommend den ICE in Richtung Hamburg Hbf. In Hannover steigen Sie um in den ICE nach Oldenburg, das Sie nach ungefähr 90 Minuten Fahrt erreichen. Nach einem kurzen, erfrischenden Aufenthalt geht es nun weiter mit dem Regionalexpress auf eine weitere, knapp zweistündige Reise, vorbei an reizenden Milchkannen mit Namen wie »Bad Zwischenahn«, »Westerstede-Ochholt« und »Augustfehn«. Am Ende sind Sie dann tatsächlich in *Norden*. Norden in Ostfriesland. Die nordwestlichste Stadt auf dem deutschen Festland ... Aber wollten Sie da wirklich hin?

PERVERSE WÜRSTE

ACHTUNG! VEREHRTE VEGETARIERIN, LIEBER VEGANER,

bitte lesen Sie diesen Artikel nicht, sonst wird Ihnen womöglich noch schlecht. Wir reden hier gleich über das vielleicht Perverseste, was Ihnen ein norddeutscher Ureinwohner zu essen anbieten kann. Vielleicht sterben Sie sogar daran. Ehrlich! Und das wollen Sie doch sicher nicht ...

TIPP (FÜR VEGGIES)

Rennen Sie einfach, wenn jemand auch nur das Wort »Bregenwurst« erwähnt!!!!

Sind die Veggies weg?

Super!

Dann begrüßen wir hier die unerschrockenen Fleischliebhaber, all jene, die nichts mögen, das brutal aus dem Boden gezerrt, mit scharfen Sicheln niedergemäht oder respektlos von den Bäumen geschüttelt wurde! Heute geht es hier zur Sache, denn wir reden von der vielleicht perversesten Wurst, die der Norden zu bieten hat: der Bregenwurst. Wie der Name schon sagt, besteht sie zu einem guten Teil aus Bregen – manche sagen auch »Hirn« dazu. Aber wir bleiben mal hübsch norddeutsch bei

Was essen zum traditionellen Grünkohl? Meine klare Empfehlung: die pervers leckere Bregenwurst!

»Bregen«. Genauer: bei jenem vom Schwein. Diese Bregenwurst ist eigentlich ein Muss für jeden Grünkohl, *das* norddeutsche Nationalgericht. Allerdings bevorzugen inzwischen viele die hirnlosen Varianten wie »Pinkel«, »Kohlwurst« oder Schlimmeres. Der Kenner verlangt jedoch Hirn – in jeder Beziehung. Dumm nur, dass wir uns in einer Zeit allgemeiner Verblödung befinden und die Zauberwurst offiziell nicht mehr verkauft werden darf. Die Bregenwurst von heute gibt es nämlich nur noch ohne Bregen – was ungefähr so idiotisch ist, als wenn man »veganen Fleischsalat« verkaufen würde. Im Jahre 2000 wurde aber ein Gesetz gegen jegliche Art von Hirnverarbeitung erlassen, um etwaige Seuchengefahren durch BSE, Creutzfeldt-Jakob, Scrapie usw. gar nicht erst aufkommen zu lassen. Daher darf es auch keine Wurst mit Bregen (außer im Namen) mehr geben. Auto fahren und rauchen darf man jedoch noch immer – dabei ist beides wesentlich tödlicher als der Hirnverzehr. Aber so sind nun einmal die Gesetze. Also heißt es: selber machen! Ist gar nicht so schwer, wenn man denn die erste Hürde genommen hat und sich über den Schlachter seines Vertrauens Bregen besorgen konnte. Der nette, selbst schlachtende Schweinezüchter aus dem weiteren Bekanntenkreis oder der freundliche

Drogendealer an der Straßenecke sind übrigens auch immer gute Bezugsquellen. Das weiß-gräuliche Objekt der Begierde wird mit heißem Wasser überbrüht, damit man die Schutzhaut abziehen kann. Sodann schneidet man es in kleine Stücke, vermengt es mit der dreifachen Menge gut durchwachsenem Schweinefleisch sowie einigen Zwiebeln und dreht alles durch den Fleischwolf, damit eine schöne, sämige Wurstpaste entsteht. Diese wird mit Salz, Pfeffer, Piment und Muskat gewürzt. In der Zwischenzeit hat unser freundlicher Dealer auch noch einen Satz Naturdärme vom Borstenvieh geliefert. Wir wässern und reinigen sie, ziehen sie hernach auf den Abfüllstutzen unseres Fleischwolfs. Mit diesem wirklich praktischen Gerät, das gerade eben noch aus Fleisch eine Paste machte, pressen wir nun unsere Wurstmasse in das Gedärm, drehen paarweise die Würste ab und binden sie zusammen.

Diese »Frischwürste« könnten wir schon jetzt in unseren Grünkohl geben – lecker sind sie allemal. Aber wir wollen sie noch etwas verfeinern. Dazu lassen wir Buchenspäne in unserem Räucherofen zu Rauch werden. Falls wir keinen Räucherofen zur Hand haben, geht zur Not auch der Backofen. Oder – bei größeren Wurstmengen – die Besenkammer oder das Gästeklo. Eine gute Stunde in der Buchenrauchsauna reicht den Fleischwaren im Normalfall; sollten Sie allerdings Kettenraucher zu Gast haben, können Sie die Räucherzeit auch gern auf bis zu fünf Stunden ausdehnen.

Danach einfach: hinein mit der Wurst in den Grünkohltopf! Nur mit dieser herrlichen und – zugegebenermaßen – leicht delikaten norddeutschen Delikatesse, mit der man alle Pflanzenesser erschrecken kann, wird daraus ein Gedicht!

Alles andere ist nur ... *Grünkohl mit Kohlwurst*.

WIE MAN (K)EINE MOORLEICHE WIRD

Einstmals war Norddeutschland über weite Strecken hinweg mit Mooren bedeckt. Für diese Zwitter aus Land und Wasser fanden sich hier die idealen Bedingungen: ebenes Terrain, zu viel Niederschlag und zu wenig Abfluss desselben. Salopp gesagt sind Moore nämlich überwachsene Wasserflächen – und die taugen für nichts so recht, weil man auf ihnen nichts anbauen kann und zudem bei ihrer Überquerung auch noch nasse Füße bekommt (dazu später mehr). Deshalb hat man schon vor etlichen Jahrhunderten damit begonnen, die Moore trockenzulegen und aus dem Kladderadatsch gutes norddeutsches Bauernland zu machen. Heute gibt es nur noch ein paar kleine Feuchtflächen, zum Beispiel im Teufelsmoor, nördlich von Bremen. Dort, auf einer kleinen Erhebung, liegt auch das Örtchen *Worpswede*, das sich als Künstlerkolonie einen Namen gemacht hat. Ende des 19. Jahrhunderts entdeckten einige Maler, Bildhauer und Poeten die depressiven Schönheiten der Wasserlandschaften für sich und siedelten sich hier an. Sehr zum Befremden der alteingesessenen Bauernschaft übrigens, die mit all dem Kunstzeugs und den erotischen Beziehungsgeflechten der Artisten recht wenig anfangen konnte. Immerhin brachten die Farbkleckser Geld in den Ort – und Geld spült der Kunsthype noch heute in die Gemeindekassen.

Doch nicht nur auf Künstler und ähnlich Suizidgefährdete übt das Feuchtgebiet eine Faszination aus – auch für Horrorfans jeglicher Couleur ist es immer wieder eine Landschaft des Sehnens. Da gibt es die Moorleichen, die in keinem guten Heimatmuseum fehlen sollten. Rund 600 davon hat man allein in Deutschland bisher gefunden. Es sind größtenteils die sterblichen Überreste von Menschen, die im Morast versenkt wurden, nachdem sie zuvor gewaltsam ums Leben gebracht worden waren. Unfallopfer sind sehr selten zu finden. Durch die anaeroben Bedingungen des Moorbades werden die Toten recht gut und dauerhaft konserviert, sodass es auf den ersten Blick schwer zu sagen ist, ob so eine Moorleiche 20 oder 2000 Jahre unter dem Schlamm lag. Nach eingehender Untersuchung wurde aber festgestellt, dass die meisten schon vor weit über 1000 Jahren zu Tode kamen – dies zur Beruhigung...

Außerdem gibt es im Moor die Irrlichter, angeblich kleine Gasflammen, die aus den aufsteigenden Fäulnisgasen entstehen. In Wirklichkeit sind es natürlich die Seelen Ertrunkener. Beziehungsweise: Versunkener. Das kennt man ja aus so manchem Film: Patsch, patsch, hechelt da jemand durch das Nebelmoor. Dann ein falscher Schritt, der Mensch sackt erst mal bis zum Bauchnabel ein – und dann geht es ganz langsam weiter abwärts. Am Ende winkt nur noch die ausgestreckte Hand einen Abschiedsgruß in die Kamera. Schließlich: Schlamm drüber.

Damit Ihnen, lieber Leser, so etwas nicht passiert, wenn Sie einmal zufällig durch eines der letzten norddeutschen Moore gehetzt werden, hier einige nützliche Informationen. Die wichtigste vorweg: So, wie im Film, werden Sie niemals untergehen. Genauer: Sie können eigentlich *gar nicht* versinken. Der Moorboden ist nämlich ein dichter Teppich aus lebender und toter Biomasse, der auf einer Schlammschicht schwimmt. Allermeist kann man ohne Weiteres darauf gehen – auch wenn der Boden etwas schwankt. Gefährlich sind nur vereinzelte Löcher in diesem Gespinst. Hier geht es tatsächlich – wie bei jedem guten Loch – urplötzlich in die Tiefe. Aber nicht so, wie Sie in normalem Wasser versinken würden: Durch die ganzen »Zutaten« des Moorwassers – Schlamm, Schwebteilchen, organische Reste usw. – hat dieses eine größere Dichte als unser gutes altes H_2O. Sie als Hohlkörper – das ist nicht despektierlich gemeint! – können darin also gar nicht vollständig versinken. Nichts zieht Sie in die Tiefe – es sei denn, da unten ist ein übellauniger Froschmann. Aber der hat recht schlechte Karten, denn die meisten Löcher im Moor sind nicht besonders tief. »Einbrüche« enden allermeist bereits irgendwo am Bein. Das ist zwar ärgerlich, weil man sich (wie eingangs erwähnt) wieder einmal nasse Füße geholt hat – aber man kann ohne Weiteres wieder aus der Pfütze herauskrabbeln. Schlimmstenfalls bleibt der Gummistiefel zurück. Eine reale Gefahr geht nur von den ganz wenigen *wirklich* tiefen Löchern aus; die eigentliche Tücke des Moores liegt dabei allerdings darin, dass das Unterwasser

Sehen doch eigentlich recht harmlos aus, diese norddeutschen Moore

sehr kalt ist – die Sonnenwärme kann ja nicht durch den oberen Pflanzenteppich dringen. Wenn man also nicht schnell handelt, kühlt der Körper rasch aus, man wird ohnmächtig – und womöglich irgendwann einmal als hübsche Moorleiche ausgestellt. Also: keine Panik! Nicht wild um sich schlagen und Kraft vergeuden. Bleiben Sie cool, um nicht auszukühlen! Um Hilfe zu schreien, kann trotzdem nicht schaden – vielleicht ist ja zufällig jemand in der Nähe, Sie zu retten. Aber Vorsicht! Auch der übellaunige Froschmann könnte Ihren Hilferuf hören! Beginnen Sie daher vielleicht doch lieber mit Ihrem Überlebenskampf allein:

- Ertasten Sie, wo am Lochrand der Untergrund am stabilsten erscheint.
- Legen Sie Ihren Oberkörper, so weit es geht, darauf.
- Versuchen Sie nun, langsam auf diesen festeren Grund zu robben.
- Suchen Sie dabei Halt an Sträuchern, Gräsern, Binsen, um sich langsam, aber stetig aus dem Schlamassel herauszuziehen …
- Nun müssen Sie nur noch den Weg nach Hause finden …
- … und dann ab in die heiße Badewanne!

Wenn Sie dann dort mit Ihrem Entchen planschen, werden sie verstehen, warum unsere Vorfahren einstmals feste Bohlenwege durch die Moore bauten, warum sie diese Feuchtgebiete nach und nach trockenlegten – und warum Sie vor Ihrem Spaziergang von diversen Hinweisschildern vor dem *Verlassen der ausgezeichneten Wege* gewarnt wurden …

WATTWÜRMER ESSEN

Immer wieder hört man, dass Norddeutsche ihren Badegästen den Verzehr von Wattwürmern empfohlen haben sollen, da diese angeblich vorzüglich schmeckten und ihr regelmäßiger Genuss gegen Potenzstörungen helfen würde. Davon muss ich dringend abraten – es sei denn, Sie sind gerade am Verhungern. Einen gewissen Nährwert werden die Würmer nämlich schon haben, ihr Verzehr ist

Diese spaghettiähnlichen Wattwurmausscheidungen sind das Lebenselixier des Wattenmeeres

wahrscheinlich auch nicht schädlich – und über Geschmack lässt sich bekanntlich eh nicht streiten. Als gesichert gilt jedoch, dass die Einnahme der bis zu 40 Zentimeter langen Tierchen noch bei keiner einzigen Flaute im Bett geholfen hat. Doch selbst wenn – sie werden im Wattenmeer viel dringender gebraucht!

Auf den ersten Blick sieht dieses bei Ebbe ziemlich öde aus: Ein paar Vögel fliegen herum, vielleicht liegen irgendwo ein paar Muscheln. Schaut man aber etwas genauer hin, fängt der Boden plötzlich an, sich zu bewegen: Etliche kleine Viecher wuseln nämlich dort unten herum. Nur gut, dass man mit bloßem Auge längst nicht alles erkennen kann: Im Boden sind ständig Abermilliarden von winzigen Pflanzen, Algen und Bakterien dabei, aus den anorganischen Stoffen, die Meer und Boden bieten, Biomasse – also Essbares – zu produzieren. **PRIMÄRPRODUKTION** nennt man diese Nahrungsherstellung – und das Wattenmeer hat eine der höchsten *Primärproduktionsraten* der Welt. Die kleinen Wesen sorgen also am Ende dafür, dass auch unsere Teller immer voll sind.

Was sie herstellen, wird im nächsten Schritt zu einem großen Teil vom Wattwurm verwertet. Er frisst sich fortwährend durch den Sand und filtert dabei zur eigenen Ernährung alles heraus, was irgendwie organisch ist und satt macht. Bummelig alle halbe Stunde kommt der Wurm an die Oberfläche, weil er mal muss. Gemeint ist damit natürlich nur, dass er den Sand aus seinem Körper wieder loswerden muss. Dabei entstehen die charakteristischen, spaghettiähnlichen Gebilde, die man bei Ebbe überall auf dem Wattboden entdecken kann. Durchschnittlich 40 dieser Würmer arbeiten sich pro Quadratmeter durch den Grund, jeder durchsiebt im Jahr ungefähr 25 Kilogramm Sand. Damit schafft es die Wurmgemeinde, das gesamte Terrain einmal jährlich komplett von unten nach oben zu kehren, aufzulockern – und damit den anderen Kleinstlebewesen wieder freien Arbeitsraum zu verschaffen. Kurzum: Ohne den Wattwurm wäre das Watt ziemlich tot.

Daher sollte man, wenn es irgend geht, auf seinen Verzehr verzichten – zumal es für das Knick-knack-mäßige mit der Holden schon seit Jahren verlässlichere Mittelchen in der Apotheke gibt.

DER RICHTIGE UMGANG MIT GONGERS

Halb verweste Kreaturen, die sich taumelnd bewegen und gierig nach allem hetzen und schnappen, was nach Menschenfleisch riecht, sind natürlich nur reine Erfindungen (wahrscheinlich) geisteskranker Drehbuchautoren. Als Gruselspaß für die ganze Familie bevölkern diese Zombies ausschließlich die Fernsehschirme in Serien wie *Walking Dead* oder die Kinoleinwände in Blockbustern wie *World War Z*. Das Geheimnis ihres Erfolgs liegt vermutlich vor allem darin begründet, dass sie so herrlich unrealistisch sind. Denn jeder, der schon einmal versehentlich ein Steak für ein paar Wochen im Seitenfach der Einkaufstasche vergessen hat, weiß, wie matschig totes Fleisch wird! Und das soll sich dennoch bewegen oder gar: kraftvoll zubeißen können? Blanker Unfug! Schauermärchen fürs Wohlfühlgruseln halt.

Bei einem abendlichen Strandspaziergang auf den Nordseeinseln Sylt oder Amrum kann es allerdings durchaus geschehen, dass vor Ihnen ein Leichnam aus dem Meer auftaucht und zielstrebig ins Landesinnere marschiert.

Überreste von Menschen, die gerade auf hoher See ertrunken sind. In seltenen Fällen können es aber auch jene von Mordopfern oder Selbstmördern sein *(ob diese auch dem Meer entsteigen, ist allerdings noch umstritten).* Zum ersten Zeitpunkt ihres Erscheinens ist die Kunde von ihrem tragischen Ende oft noch gar nicht in die Welt der Lebenden gedrungen – oder wurde noch nicht von den Hinterbliebenen als traurige Tatsache akzeptiert. Also kommen die Wasserleichen persönlich bei ihrer Familie vorbei, um für faktische Klarheit zu sorgen: Schnurstracks marschieren sie vom Meer zu jenem Haus, in dem der jüngste Spross *(idealerweise zwei bis drei Generationen jünger)* der Dynastie lebt, schleichen eine kurze Weile verlegen darum herum und treten schließlich ein. Sollte irgendwo noch ein Licht brennen, löschen sie dieses – eine sehr freundliche Geste, da der Anblick von Ertrunkenen wirklich nicht schön ist. Sodann begeben sie sich in das Bett, in dem Stammhalterin oder Kronprinz der Familie bereits selig schlummern, und legen sich in ihrer klatschnassen Kleidung zu ihnen auf die Bettdecke. Die ganze Nacht verbringen sie dort, verschwinden aber vor dem Morgengrauen. Der Schock und das Geschrei bei den Besuchten ist nach dem Weckerklingeln eigentlich immer groß: Ihr Bett ist durchweicht von Salzwasser und auf dem Boden zieht sich bis zur Haustür eine feuchte Spur!

Es ist zu hoffen, dass der Notarzt das arme traumatisierte Kind mit Medikamenten ruhigstellen kann, während irgendjemand im Haushalt auf den ersten Blick die eigentliche Botschaft hinter den Wasserzeichen erkennt und darauf die nötigen Maßnahmen einleitet. Geschieht dies nicht, gibt es fortwährend weitere Besuche aus dem Jenseits, immer neue Bettnässereien, dem Letztgeborenen droht gar irgendwann ein Aufenthalt in der geschlossenen Kinderpsychiatrie ...

Der Verblichene schaut nämlich beharrlich so lange bei seinen Nachkommen vorbei, bis er auch noch von dem Letzten der Sippe für tot angesehen wird *(eine behördliche Bestätigung durch einen amtsärztlichen Totenschein reicht nicht)*, die ganze Verwandtschaft deswegen in tiefer, echter Trauer ist und – im Idealfall – alle dabei seiner auch noch liebevoll gedenken. Nur darum geht es ihm, das ist seine Mission, dafür verzichtet er freiwillig auf einige Einheiten seiner letzten Ruhe.

Dies zu den gesicherten Fakten. Zum Schluss noch eine weitere Empfehlung zum Umgang mit Gongers – die allerdings nur auf einigen ungesicherten Quellen basiert:

VERSUCHEN SIE NIEMALS, EINEN GONGER ZU BERÜHREN!

Glaubt man den Gerüchten, verbrennt Ihre Hand nämlich beim Hautkontakt mit einem der rüstigen Untoten sofort, wird schwarz und fällt kurze Zeit darauf ab.

Aber vielleicht ist das einfach nur eine alberne Legende ...

FÜR ABENTEURER & ANDERE LEBENSMÜDE

Glorreiche Zeiten: hier im Jahr 2010, als der Skilift am Bungsberg noch jeden Tag heiß gelaufen ist; momentan müssen norddeutsche Skifans leider in die Röhre gucken

ULTIMATIVES SKIING

Da es in den folgenden Kapiteln um hartgesottene Abenteurer gehen soll, werde ich ausnahmsweise in die Du-Ansprache übergehen. Ich hoffe, das ist in Ordnung für dich.

Du glaubst, du hast schon alles in Sachen Wintersport gemacht?

Über Helikopterskiing in den Anden kannst du nur noch gähnen, Après-Ski in Cortina d'Ampezzo ist dir längst zu wenig mondän – und selbst bei Lawinenabfahrten am K2 schläfst du fast ein?

Dann habe ich etwas für dich! Den ultimativen Kick, das echte Abenteuer, die pure Exklusivität! An einem Ort, dessen Name nur raunend in Fachkreisen ausgesprochen wird, den viele gar nur für einen Mythos halten …

Doch es gibt ihn wirklich: den **BUNGSBERG**!

Auch wenn er ganz offiziell den Titel *nördlichstes Skigebiet Deutschlands* trägt, haben nur wenige Auserwählte seine Loipen bisher bezwungen. Wenn auch du zu diesem erlesenen Kreis gehören willst, brauchst du eine ordentliche Portion Glück, eine gewisse Beharrlichkeit oder eine solide Kombination aus Disziplin und Barmitteln. Denn obwohl wir hier von der höchsten Erhebung Schleswig-Holsteins sprechen, hüllt sich dieser Zauberberg nur an wenigen Tagen im Jahr – wenn überhaupt – in ein glitzerndes Gewand aus Schnee. Also jenen Materials, das für sportliche Wintervergnügungen doch recht essenziell ist. Die Wahrscheinlichkeit, gerade dann *rein zufällig* vor Ort zu sein, ist allerdings ungefähr so hoch wie jene, einen sechsstelligen Betrag in einer Lotterie zu gewinnen. Die Garantie auf Abfahrtsschnee erhältst du nur, wenn du dich Anfang November irgendwo im näheren Umfeld einquartierst und geduldig auf ihn wartest. Dieses Warten kann dann jedoch unter Umständen einige Jahre dauern …

Etwas einfacher – allerdings auch kostenintensiver – ist es, wenn du ganz normal deinem Leben nachgehst, zwischen November und April aber stündlich auf deiner Wetterapp nach dem Ort deines Sehnens schaust. Wird dort Schneefall gemeldet: Scheue keine Kosten und Mühen, dein Ziel binnen kürzester Zeit zu erreichen! Am besten, du mietest dir einen Jet und fliegst zum Flughafen Lübeck-Blankensee; von dort weiter zum Ziel im Hubschrauber. Hauptsache, du beeilst dich! Denn es ist gut möglich, dass die weiße Pracht nur ein paar Stunden liegen bleibt. Eine böse Laune der Natur hat nämlich *Deutschlands nördlichstes Skigebiet* direkt neben der Ostsee platziert, die im Winter wie eine große Wärmespeicherheizung wirkt. Von dem lauen atlantischen Golfstrom, der in allen Küstenregionen Westeuropas für milde Temperaturen sorgt, einmal ganz abgesehen. Da helfen für Schnee – dauerhaften zumal! – auch die schwindelerregenden 168 Höhenmeter, die den Bungsberg zu einer Art Mount Everest in einem Umkreis von über 200 Kilometern machen, leider nur sehr wenig ... *alpin* geht anders. Und doch:

Es gibt sie, diese **WEISSEN TAGE**, diese erlesenen Tage des norddeutschen Schnees. Wenn sie einmal da sind: Nutze sie für das unglaubliche Bungsberg-Erlebnis! Angesichts des Klimawandels könntest du einer der Letzten sein, die dieses erleben durften!

Eines Tages stehst du also möglicherweise vor dem majestätischen 168er. Der Schnee glitzert dir entgegen. Und nun? Wie hinauf? Wie wieder hinab?

Geschäftstüchtige Ureinwohner bieten oft in solchen Zeiten Fahrten hinauf in mehr oder minder improvisierten Skiliften an. Das Sein-oder-Nichtsein dieser Fahrgelegenheiten ist allerdings sehr abhängig von Lust, Kontostand und vorabendlichem Alkoholgenuss ihrer jeweiligen Betreiber. Deren erste Eigenbauten wurden noch durch einen Trecker angetrieben und besaßen keine Sitze, nur Halteseile; zuletzt wurde immerhin ein Modell gesehen, das zwar irgendwo in den Alpen bereits ausgemustert worden, jedoch noch immer klar als »Schlepplift« – also Seilzug mit rudimentären Gesäßablagen – zu erkennen war. Allein: Neben etlichen wagemutigen Laien scheiterten auch international versierte Abfahrtsläufer immer wieder an dem Besteigen dieser Konstruktionen – egal ob treckerbasiert oder mit hinterteiloptimierten Hartschalen (dieses »Aufsitzen« ist eine Kunst für sich – über die ich mich hier aus Platzgründen nicht weiter auslassen will). Nur eine kleine Elite erreichte also jemals per Lift den Gipfel – der Rest bekam aber immerhin sein Fahrgeld zurück.

Wenn also gerade ein Schlepplift zur Fahrt auf den Berg zur Verfügung steht: Nimm ihn, versuche dein Glück, gib alles! Du hast nichts zu verlieren!

Und wenn gerade mal wieder *keiner* in Betrieb ist? Oder du am Sessellift kläglich gescheitert bist? Dann hast du noch genau ZWEI Optionen!

OPTION 1

Eine Steigung von 17 Grad, 330 Meter Distanz, vielleicht 4 Zentimeter Neuschnee und zunehmender Sauerstoffmangel, je höher du kommst ... das ist schon hart – aber machbar!

Konzentriere dich, denke an Hillary und Tenzing, Reinhold Messner ... ja, gern auch an die Schneemumie Ötzi, warum nicht. Angst ist bekanntlich nichts Schlechtes.

Schnalle deine Skier auf den Rücken, nimm einen Skistock in jede Hand – und geh los! Bergauf, immer nur bergauf! Denke an Luis Trenker, *Cliffhanger*, DJ Ötzi ... Steige nur hoch, steige weiter hinauf! Wenn du in deinem Inneren das Hellwig-Duo vereint mit den Wildecker Herzbuben jodeln hörst – dann hast du es geschafft! Dann bist du ganz oben – auf dem Gipfel des Bungsbergs!

OPTION 2

Du steigst in den Hubschrauber, der dich hergebracht hat, und lässt dich mit deinen Skiern auf den Gipfel fliegen. Eventuell musst du dort ein paar Zentimeter aus dem Luftfahrzeug springen, weil die Beschaffung des Bodens wegen des Schnees nicht klar erkennbar und somit eine Landung zu gefährlich ist. Aber das kennst du ja schon vom Heliskiing in Colorado, Georgien und Sibirien ...

Du bist nun ganz oben – genieße die Aussicht!

Ja, man kann an klaren Tagen tatsächlich von hier auf die Ostsee blicken – und womöglich fährt gerade ein großer Pott dahinten auf einer der viel befahrenen Routen zwischen Skandinavien und Resteuropa.

Atme die frische, klare, dünne Luft ein, prüfe noch einmal die Bindung deiner Skier. Drei Routen abwärts liegen vor dir – welche willst du nehmen? Zwei sind für Ski- und Snowboardfahrer, eine ist reserviert für Rodler – aber kümmert dich das jetzt noch?

Fahre einfach los. Genieße die zunehmende Geschwindigkeit. Fühle dich auserwählt, weil du es hierher geschafft hast – du bist einer der wenigen dieser Welt, die dieses außergewöhnliche Wintersporterlebnis genießen dürfen! Du hast dafür ungefähr 30 Sekunden Zeit – nach guten 300 Abfahrtsmetern läuft die Piste auf einer profanen Wiese aus. Doch wie heißt es so schön? *»Weniger ist mehr«* – genau dies könnte ein Slogan dieses ultimativ-exklusiven Skigebiets sein!

ÄGYPTISCHE MUMIEN FINDEN

DER SUPER-ABENTEUER-TIPP!

Wenn dir Ägypten für die Jagd auf antike Schätze zu ausgelutscht erscheint, solltest du dein Glück einfach einmal an der Niederelbe versuchen! Hier gibts noch was Pharaonisches zu holen!

»Auch der März 1822 begann mit stürmischem und regnitem Wetter, und der Außendeich war beinahe alle Tage unter Wasser. Viele Schiffe sind verunglückt, und die Schiffer sagen, daß sie lange solchen Sturm nicht erlebt haben. Im neuen Hof ist ein merkwürdiges Strandgut angetrieben. Es sind nämlich Mumien in Egiptischen, bunt bemalten Särgen, und dann wieder in Tannen-Kisten gepackt. Leider haben die Strandbewohner selbige entzweigeschlagen und sind die mehrere hundert Jahre alten, einbalsamierten Körper in sich zerfallen. Bis jetzt ist der Eigentümer noch nicht ermittelt und die übrigen Kisten stehen in Freiburg**.«*

So trocken steht es in den Annalen *Von den Jahren 1811 bis 1852 inclus.*, niedergeschrieben von einem gewissen Diedrich Brümmer, der zu jener Zeit auf dem *Siegelhof* (heute: Ziegelhof) in Oederquart an der Niederelbe residierte. Man könnte jetzt natürlich meinen, der Mann sei während des Schreibens alles andere als trocken gewesen; ein Pharisäer zu viel in einer stürmischen Märznacht – und schon kommen mal nicht die üblichen rosafarbenen Elefanten vorbei, sondern zur Abwechslung ägyptische Mumien.

* Gemeint ist wohl Neuhof bei Belum nahe der Ostemündung.

** Jenes an der Elbe.

In einer Zeit, in der der Schiffsverkehr auf der Elbe noch so beschaulich aussah, ging die mit beachtlichen ägyptischen Schätzen beladene *Gottfried* im Jahr 1822 kurz vor Hamburg unter

Aber nein: Den Strandläufern, die damals täglich das Elbwatt auf der Suche nach verwertbaren Überresten havarierter Schiffe abliefen, werden tatsächlich nach dem Öffnen der großen Tannenholzkisten die Haare zu Berge gestanden haben! Denn wirklich waren da einige Einbalsamierte vom Nil nach weiter Reise ausgerechnet in der Elbmündung gestrandet. Und so manches andere aus dem Pyramidenland liegt wohl noch heute im Schlick des Flusses …

Am 12. März des Jahres 1822 sank nämlich bei einem Frühjahrssturm der Zweimaster *Gottfried*. Die Galeasse befand sich auf der Fahrt von Triest nach Hamburg und hatte überaus wertvolle Fracht an Bord: 97 Kisten voll mit altägyptischen Antiquitäten! Schrifttafeln, kleine Statuen, größere Säulen, Stelen, steinerne Krüge für die Eingeweide Einbalsamierter (»Kanopen« sagen Fachleute dazu), ein paar Alabastergefäße, sogar ein kleiner Altar und ein Granitsarkophag. Einiges stammte aus den Tagen der Pharaonen, das meiste jedoch aus der späteren Epoche, in der römische Besatzer in Ägypten das Sagen hatten. Wertvoll war die Sammlung trotzdem allemal. Der preußische General Freiherr Meno von Minutoli*** hatte sie im Auftrag des

*** Er hieß wirklich so! Minutoli, der aus bürgerlichen Verhältnissen stammte, hatte sich beim Militär in den Adelsstand gedient und sich im Zuge dessen selbst mit diesem Operettennamen bedacht.

preußischen Königshofs beim französischen Konsul in Ägypten als *bundle* günstig erwerben können. Die Kunstwerke sollten via Hamburg nach Berlin verschifft und dort im gerade eröffneten Antikenmuseum ausgestellt werden. Doch dann, kurz vor dem Ziel, kam der verheerende Sturm. Die Kisten mit den Mumien, die auf dem Oberdeck vertäut waren, weil in den Laderäumen kein Platz mehr war, gingen über Bord, der Rest der Fracht versank mit der *Gottfried* in der Elbe. Wo genau sie heute liegt, weiß man nicht. Durch die Strömung und weitere Sturmfluten wurde das Wrack vermutlich weit vom ursprünglichen Unglücksort weggetrieben und womöglich meterdick mit Schlamm bedeckt. Unmöglich ist es aber trotzdem nicht, dass du eines schönen Tages beim Wattwandern auf einen Kelch mit Hieroglyphen oder Ähnliches stößt. Also: *Augen auf beim Wattenlauf!* Vielleicht musst du dir aber auch gar nicht die Füße nass machen, um ein dekoratives Raumobjekt aus Cleopatras Reich zu finden: »Sechseinhalb Mumien mitsamt ihren dekorativ bemalten Holzsärgen« (so der kuriose Katalogeintrag), die zur Ladung der *Gottfried* gehörten und aus den Fluten gerettet werden konnten, wurden 1822 in Hamburg bei einer Auktion versteigert. Danach verliert sich jede Spur von ihnen. Es waren aber nachweislich *acht* Mumien an Bord. Eine (und noch eine halbe …) fehlte also. Vielleicht wurde sie ebenfalls gefunden – aber nie abgeliefert. Fristen sie jetzt als »olle Bauernkisten von Urgroßvaddern« auf irgendeinem Kehdinger Bauernhofboden ein ruhmloses Dasein? Oder wurden gar zu einem Futtertrog für Schweine umgewandelt?

ES GILT, SIE ZU FINDEN!

WELTUMRUNDUNGEN UND ANDERES

Zu Fuß von Kalifornien nach Brasilien? Wenigstens einmal ganz um England herum? Oder doch lieber gleich eine Weltumrundung?

Sei ehrlich: Du träumst doch schon lange von solchen Trips! Das Tolle: In Norddeutschland kannst du das alles ohne großen Aufwand erledigen! Die Transamerikatour schaffst du in knapp einer Minute, den Englandtrip in einer Viertelstunde. Und wenn du gern läufst: Der Rekord für die Weltrunde liegt bei 3 Minuten 59 Sekunden – brich ihn! Deine Freunde werden dich jedenfalls beneiden, wenn du von deinen Reisen berichtest – garantiert! Du musst ihnen ja nicht unbedingt auf die Nase binden, dass du nur um irgendein Kaff gewandert bist …

Gerade Schleswig-Holstein glänzt nämlich durch höchst originelle Ortsnamen, die das Flair der Globalisierung verbreiten. Die Herkunft dieser Namen ist zumeist durch schöne Legenden belegt. So soll der Name **KALIFORNIEN** für das kleine Dorf an der Ostseeküste bei Kiel folgendermaßen entstanden sein: Vor dem Gestade ging einmal in einem Sturm ein Schiff namens *California* unter. Das Namensschild dieses Seglers wurde an den Strand gespült und von einem Einheimischen gefunden. Stolz hängte er es vor seinen Hof – und prompt hatte dieser nun seinen Spitznamen weg, aus dem später die offizielle Ortsbezeichnung entstand. Der Nachbar des Neu-Kaliforniers soll daraufhin neidisch geworden sein, weil er sich auch so einen mondänen Titel für seine Stallungen wünschte. Schließlich hängte er einfach ein handgemaltes Plakat mit der Aufschrift **BRASILIEN** davor. Fertig war der neue Ortsname. Die beiden Flecken liegen nicht einmal 100 Meter auseinander; man

Die schleswig-holsteinische Siedlung Kalifornien in den 30er-Jahren

kann entlang der Küstenpromenade bequem von einem zum anderen schlendern. Auf der anderen Seite der schleswig-holsteinischen Halbinsel befindet sich nahe dem Heilbad **NORDSTRAND** der Flecken **ENGLAND**. Hier ist kein Schiff gesunken und niemand wollte besonders originell sein. Der Name sagt schlicht das aus, was er buchstäblich bedeutet: »enges Land«. Vermutlich, weil die paar Häuser, die es hier gibt, zwischen zwei Deichen eingequetscht liegen.

Etwas weiter im Süden, in **EIDERSTEDT**, liegt **WELT**. Immerhin mehr als 200 Bewohner zählt dieser Ort, der als einer der ältesten in dieser Gegend gilt. Der Ursprung seines Namens liegt im Dunkeln. Vermutlich stammt er vom niederdeutschen *Wehle* ab – so nennt man einen Teich, der nach einer Sturmflut durch nicht wieder abgeflossenes Wasser entsteht.

Bequem kann man all diese Orte sogar in ein paar Stunden abfahren. Wen dann das Fernweh gepackt hat, der kann danach noch via Niedersachsen nach **AMERIKA** einreisen (bei Friedeburg), das daneben liegende **RUSSLAND** besuchen und Abstecher nach **ÄGYPTEN** (Neunkirchen) oder **TEXAS** (Groß Oesingen) machen.

Vielleicht noch interessanter ist die *metaphysische Reiseroute*, die gleichfalls nur im Norden realisierbar ist: Man startet im **FEGEFEUER** im Kreis Rendsburg oder alternativ in Lübeck, überquert geläutert die Elbe und gelangt im Alten Land direkt bis an die **HIMMELPFORTEN**. Wahlweise kann man dann ins **HIMMELREICH** am Rübenberge, in Wilhelmshaven oder in Dithmarschen einziehen.

Diese letzte Tour wird allerdings jeder – ob nun Abenteurer oder nicht – mindestens einmal machen müssen! Spätestens nach seinem Ableben …

UNTERWASSERGLOCKEN

Manchmal liegt die Nordsee ganz ruhig da, wie ein Meer aus Blei. Hellgrau der Himmel, blaugrau das Wasser, ewig grün der Deich – und kein Lufthauch hier, an der Küste von *Nordstrand*. Wenn man nun ganz genau in die Stille hört, kann es geschehen, dass man in der Ferne Kirchenglocken läuten hört. Merkwürdig nur: Der Klang kommt nicht von Land, sondern von der See her … *aus den Wassern* heraus!

Versunkene Städtchen gibt es im Norden nicht wenige – so wird im Volksglauben seit Jahrhunderten davon ausgegangen, dass hier die Stadt Vineta untergegangen ist

Dann raunen die Menschen hier oben an der Küste, dass es bald einen Sturm geben wird. Denn die Glocken von *Rungholt*, der versunkenen Stadt, schlagen wieder! Wagemutige trauen sich sogar in der Johannisnacht auf den Deich, um eines der größten Mysterien des Nordens zu erleben: Alle sieben Jahre nämlich taucht die Stadt an diesem Abend für kurze Zeit aus den Fluten auf. Prächtig wie Babylon erstrahlt Rungholt dann wieder, mit goldenen Kuppeln und hohen Türmen. Wie einst, als sich hier seine hochmütigen Bewohner in syrischen Sänften fortbewegten und schwarze Sklaven für die Arbeit hielten ...

So wird zumindest behauptet. Jeglicher Lichtbildbeweis für diese Sagenstadt blieb allerdings bisher aus; wer immer das alles im Mondenschein gesehen haben mag, vergaß vor Staunen doch glatt, ein Erinnerungsfoto zu machen.

TIPP FÜR ABENTEURER

Stell dich einfach sieben Jahre in Folge während der Nacht vom 23. auf den 24. Juni (»Johannisnacht«) kaltblütig und wohlpräpariert auf den Deich. Spätestens im siebten Jahr kannst du spektakuläre Fotos machen, mit denen du reich und berühmt wirst! Einzige Voraussetzung ist, dass du die genaue Stelle kennst, von der aus man Rungholt sehen können soll. Darüber gibt es derzeit aber noch unterschiedliche Angaben. Ändere nach sieben Jahren also ggf. noch einmal deine Position und beginne von vorn.

Anders als Atlantis, Vineta, Shangri-La und andere mystische Orte ist Rungholt keine Legende, sondern existierte nachweislich. Der Name findet sich in alten Dokumenten und auf historischen Landkarten, die übrigens ein ganz anderes Bild von der Nordseeküste zeigen als jenes, das wir heute kennen. Die Marsch ragte viel weiter in die Nordsee und wurde nur durch relativ schmale Meerwasserläufe, die das Gebiet durchzogen, vom eigentlichen Festland getrennt. Die heutigen Inseln waren besondere Erhebungen in dieser Landschaft. Sylt zum Beispiel hatte nicht die schmale Sichelform von heute, sondern war ein veritabler Kleinberg, der ungefähr die Form eines Eis hatte. Doch dann kam im Jahr 1362 eine verheerende Sturmflut und der Blanke Hans verleibte sich einen guten Teil des Gebiets in sein Reich ein. Auch Rungholt wird wahrscheinlich in dieser *groten Mandränke* (wörtlich: »große Menschertränkung«) untergegangen sein. Gelegentlich gibt Hans Blank Teile seiner Beute aber wieder frei. So kommt es im Watt zwischen Nordstrand und Pellworm immer wieder zu Funden, anhand derer man sich das alte Rungholt ungefähr vorstellen kann. Die Gebäude standen auf Warften – 28 hat man bis heute im weiteren Umkreis lokalisiert. Zudem rund 100 Brunnenreste. Anhand dieser kann man folgern, dass hier gut 1000 Menschen lebten – im Mittelalter galt so eine Siedlung als große Stadt. Ihre Einwohner hatten das Moorland mit einem Schleusensystem entwässert und betrieben neben Viehzucht, Fischfang und Salzgewinnung wohl auch etwas Ackerbau. Das alles schaffte einen relativen Wohlstand für die Rungholter. Darauf weisen auch Scherben von Geschirr hin, das aus Spanien und Skandinavien stammte – Luxuswaren für den gehobenen Geschmack der Zeit, keine einfachen Bauernteller. Goldene Kuppeln und nubische Sklaven freilich hielten wohl erst in der

Phantasie von Märchenonkeln Einzug in den Ort – lange nach dessen Untergang. Der Legende nach waren die Rungholter selbst an ihrem Unglück schuld. Sie sollen nämlich Gott gelästert haben, indem sie – ziemlich bezecht, wie das bei Norddeutschen ja gelegentlich vorkommen kann – ihren Herrn Pastor dazu zwangen, einem gleichfalls besoffenen Schwein die christlichen Sterbesakramente zu geben. Empört sandte der Liebe Gott zur Strafe das Wasser, nachdem er dem gequälten Pfaffen noch die Flucht ermöglicht hatte. Seine Kirche versank in den Fluten; ihre Glocken jedoch hört man noch heute manchmal, wenn das Meer ganz ruhig daliegt…

DER NORDDEUTSCHE KING KONG

ABENTEURERTIPP
Du lümmelst dich jede Nacht auf Yetifellen? Und die Hocker deiner Hausbar sind aus ausgestopften Big-Foot-Trophäen gebastelt? Dann versuchs doch mal mit der Jagd auf das Brockengespenst! Es wird auf jeden Fall eine ganz neue Erfahrung für dich sein…

Jahrtausendelang berichteten Badegäste, die den Harz besuchten, immer wieder von furchterregenden Begegnungen mit schweigsamen Riesen. Der Dichterfürst Goethe, der 1777 zu Forschungszwecken in diesem Mittelgebirge weilte, soll angeblich sogar laut schreiend beim Anblick eines solchen Giganten davongelaufen sein! Wahrscheinlich zur Verarbeitung dieses Traumas schrieb er später sein berühmtes Drama *Faust*. Darin vermied er allerdings tunlichst das Wort, mit dem seit Urzeiten raunend der Volksmund dieses Wesen benennt: **BROCKENGESPENST**.

Wenn du es einmal selbst in Augenschein nehmen willst, solltest du für deine Jagd sonnige, klare Tage meiden. Ebenso solche mit strömendem Regen. Und nach Einbruch der Dunkelheit brauchst du dich wirklich nicht in die Botanik zu bemühen – allen Legenden von der »Geisterstunde« zum Trotz. Wenn du dich aber im Nebeldunst den Bergkuppen des Harzes näherst, kann es passieren, dass vor

Auf Norddeutschlands höchstem Berg, dem Brocken im Harz, soll das berüchtigte Brockengespenst umgehen

dir im diffusen Grau eine Gestalt auftaucht. Sie hat die Umrisse eines Menschen, scheint aber wesentlich größer als alle bekannten Vertreter der Gattung Homo sapiens. Wie viel mehr genau – darüber gibt es keine eindeutigen Aussagen. Das Wesen ist in ständiger, wenn auch behäbiger Bewegung; es *geht* jedoch offenbar nicht über den Boden, sondern *schwebt* kurz darüber! Dabei macht es keinerlei Geräusche. Versuchst du mit ein paar freundlichen Worten, Kontakt mit dieser Erscheinung aufzunehmen, erhältst du als Antwort nur Friedhofsstille. Sinnlos ist es auch, sich hastig daraufzustürzen: Die Gestalt weicht jeder Bewegung aus und verschwindet meist so geisterhaft-plötzlich, wie sie erschienen ist. Das Brockengespenst ist nämlich extrem scheu ...

Glaubt man der Erklärung, mit welcher der Theologe und Naturforscher Johann Esaias Silberschlag im Jahre 1780 das Brockengespenst als »Naturphänomen« deklassieren wollte, wird man diesen Harzbewohner wohl niemals sehen können – weil es sich bei ihm nämlich um eine optische Täuschung handeln soll! Laut Silberschlag entsteht sie, wenn die Sonne *von hinten* auf den Geisterseher scheint und dadurch ein Schatten auf die Nebelbank *vor ihm* geworfen wird. Dieser Schatten fällt auf die Abermilliarden frei schwebender Wassertröpfchen in diesem Dunst – aber eben nicht als zweidimensionale Wand, bei der man Größe und Gestalt noch halbwegs einordnen kann, sondern als dreidimensionales Gebilde. Bei einem solchen versagt unsere Wahrnehmung – nicht zuletzt deshalb, weil vertraute Vergleichsobjekte (Bäume zum Beispiel) im Nebel nicht zu erkennen sind. Die Aufklärungsabteilung im Gehirn meldet also verzweifelt: *Undefinierbare Größe! Aber irgendwie ... äh ... wahrscheinlich ... also öh ... ach was: VERDAMMT GROSS!* Doch damit noch nicht genug der geistigen Verwirrung – auch die Bewegungen des Gebildes können nicht begriffen werden: Ein »normaler« Schatten tut normalerweise genau das, was wir auch gerade machen. Mit der rechten Hand winken zum Beispiel. Das begreifen die Analysten unter den Gehirnzellen und melden: *Keine Gefahr – das ist nur der Schatten unseres Apparats.* Dadurch aber, dass die Wassertröpfchen des Nebels durch die Luftbewegung ständig zum Tanzen gebracht werden, bewegt sich der Schatten des Beobachters ganz anders als er selbst; er nimmt ihn dadurch als etwas Fremdes mit Eigenleben wahr … und schon wird ein Gespenst daraus!

So weit die Theorie des Herrn Silberschlag, die heute allgemeine Lehrmeinung ist.

Aber hat er sie möglicherweise nur erfunden, um – nach dem Debakel mit Goethe – den Tourismus rund um den Brocken wieder anzukurbeln? Um wieder Badegäste in eine raue Gegend zu locken, in der an rund 300 Tagen im Jahr der Nebel herrscht?

Ein Abenteurer von Welt wie du sollte heiß darauf sein, hier endgültig Klarheit zu schaffen! Vielleicht ist das Brockengespenst ja bloß ein zu groß geratener Nachfahre des Neandertalers, mit dem man immerhin Wissenschaftlernerds glücklich machen könnte.

Oder doch ein norddeutscher King Kong – was echt hammergeil wäre!

Also nix wie weg in den Harz!

ÜBER DIE WESER GEHEN – ALS JOB!

Du suchst einen abenteuerlichen Job? Du wiegst idealerweise genau 99 Pfund, bist wortgewandt und Schneider von Beruf? Dann solltest du dich für die *Bremer Eiswette* bewerben – dort wartet eine neue Herausforderung! Die Tätigkeit ist allerdings nicht ganz ungefährlich – zumindest nach den allgemeinen Maßstäben der Modebranche. Dafür beträgt die Arbeitszeit auch nur circa eine Stunde pro Jahr und die Bezahlung ist überdurchschnittlich, wenn auch ungewöhnlich: eine Doppelmagnum des eigens hergestellten, begehrten *Eiswette-Korns*, die dir bei eBay sicher ein hübsches Sümmchen einbringen wird. Arbeitsbeginn ist am 6. Januar – Dreikönigstag – um 12 Uhr mittags. Also zu einer ausgesprochen arbeitnehmerfreundlichen Zeit. Wenn du etwas später erscheinst – was durch deine Amtsvorgänger quasi schon zu einer Tradition ausgebaut wurde – wird dir das ohne Weiteres nachgesehen. Dein

Auf dieser Waage wird der Bremer Eiswettschneider gewogen – das traditionelle Bügeleisen ist ebenfalls schon griffbereit

Arbeitsplatz ist ausgesprochen idyllisch an der Weser gelegen: am Punkendeich, der direkt an die Bremer Altstadt grenzt. Dort erwarten dich bereits die Honoratioren des Eiswett-Präsidiums in Frack und Zylinder, die Heiligen Drei Könige mit ihren Krönchen sowie etliche Zuschauer aus dem gemeinen Volk, um dir bei deinem neuen Job auf die Finger zu schauen. Dem Arbeitsvertrag nach scheint deine Aufgabe einfach: Du sollst prüfen, ob die Weser an diesem Wintertag »geiht oder steiht« – ob sie also zugefroren ist oder nicht. Das könnte man mit etwas Augenmaß und gesundem Menschenverstand eigentlich in Kürze erledigt haben – doch das Bremer Protokoll verlangt dazu ein relativ kompliziertes Prozedere. Für die Hanseaten gilt die Weser nämlich nur dann als zugefroren, wenn ein Schneider von genau 99 Pfund Lebendgewicht mit einem heißen Bügeleisen in der Hand trockenen Fußes den Fluss überqueren kann. Anhand dieser Aufgabenstellung bemerkt man schon, dass es sich bei dieser Eisprobe um eine relativ alte Tradition handelt: Im November 1828 wurde erstmals in einer lustigen Runde von 18 gutbürgerlichen Herren auf das Für oder Wider gesetzt, dass die Weser im Januar zugefroren sei. Der Wetteinsatz war ein üppiges Grünkohlessen für die Runde, das die Verlierer zu zahlen hatten. Spaß *für alle* war also garantiert! Und so sollte schnell ein alljährlich wiederkehrendes Ritual daraus werden. Ende des 19. Jahrhunderts allerdings wurde der Strom von der Mündung bis zu den Bremer Häfen begradigt und vertieft. Seitdem ist es fast unmöglich, dass die Weser zufriert. Sie ist einerseits inzwischen zu tief, andererseits ist ihr Salzgehalt durch das vermehrt einströmende Meerwasser höher – und Salzwasser friert bekanntlich schwerer. Im Prinzip ist der Prüferjob daher nur etwas für einen potenziellen Selbstmörder, der besonderen Spaß am Tod durch Ertrinken hat. Trotz dieser Tatsachen wurde das Regelwerk der Eiswette seit der ersten Hälfte des 19. Jahrhunderts nie reformiert; das wundert wenig, denn das hätte logischerweise bei einem Fluss, der gar nicht vollständig von Eis bedeckt sein *kann*, das Aus für das ganze Gaudium bedeutet. Die Veranstaltung findet daher heute mit einer gewissen Toleranz und einigen Tricks statt. Keine Bange also, wenn du den Job antrittst! Als Erstes musst du dich unter Aufsicht des Notarius publicus von dem Eiswett-Medicus untersuchen lassen. Dieser hat eine klassische Dezimalwaage aufgebaut, um dein vermeintliches Idealgewicht von 99 Pfund festzustellen. Aber welcher Schneider wiegt im 21. Jahrhundert schon 99 Pfund? Lenke sie vom Thema ab, plaudere über alle Skandale und Skandälchen des vergangenen Jahres. Dabei wird dir schon ein Grund einfallen, weshalb du *eigentlich* 99 Pfund wiegst – jetzt aber gerade nicht... Klar, der Grünkohl heute Mittag... deine Schutzkleidung ist schuld, die wiegt doch allein schon 20 Kilo! Und nein, ausziehen vor all den Leuten wirst du dich jetzt sicher nicht!!!

Dir fällt schon etwas ein, damit der Notarius irgendwann entnervt dem Eiswett-Präsidenten empfiehlt, die Gewichtsvoraussetzung als erfüllt anzusehen. Sodann kommt die zweite schmerzhafte Prüfung – schmerzhaft für den Medicus. Der muss nämlich mit seinem bloßen Finger bezeugen, dass dein Bügeleisen auch wirklich heiß ist. Ist es natürlich – sehr, sehr heiß sogar! Und klebrig. Und... na, du willst doch auch ein bißchen Spaß, oder? Also denk dir was aus!

Nun ist der Zeitpunkt gekommen, an dem du ins Wasser gehen sollst. Als Zuspruch für diesen vermeintlich letzten Gang überreicht man dir deinen Lohn, die riesige Kömbuddel. Damit gehst du tapfer und gemessenen Schrittes an das Weserufer. Die Rettung naht zu diesem Zeitpunkt schon: ein Boot der Deutschen Gesellschaft zur Rettung Schiffbrüchiger (DGzRS). Spring schnell an Bord und lass dich in Sicherheit (also an das andere Weserufer) bringen. Winke vom Deck aus noch einmal hämisch den an Land Gebliebenen zu, gönn dir einen großen Schluck aus deiner Flasche und ... Feierabend!

Ein paar Tage nach dieser Outdooraktion trifft sich die ganze Wettgemeinde zu einem feuchtfröhlichen Grünkohlessen – einer Art Spendengala. Bei der Eiswette (die genau genommen ja keine mehr ist) gibt es nur Gewinner: Alle Teilnehmer haben ihren Spaß – und das Geld, das sie dabei lassen, geht an die Seenotretter.

Na, immer noch Interesse an dem Schneiderjob?

Dann schnell eine Bewerbung schreiben an www.eiswette.de!

DAS ACHTE WELTWUNDER

Koloss von Rhodos, Hängende Gärten von Babylon, Zeus-Statue in Olympia ... wie oft hast du die Namen der sieben Weltwunder schon heruntergebetet, um einzuschlafen?

Und wie oft bist du dann wieder hellwach aus dem Bett gesprungen, weil du dich darüber aufgeregt hast, dass von diesen Traumzielen abenteuerlicher Expeditionen keines mehr erhalten ist? Außer den *Pyramiden von Gizeh* natürlich, bei denen jedoch heutzutage höchstens noch die Sanitäranlagen des Besucherzentrums einen Hauch von Abenteuer versprühen ...

Ein Trip zum geheimnisumwitterten achten Weltwunder (so wird es zumindest von vielen Reisenden genannt) könnte deine Nachtruhe vielleicht wiederherstellen!

Zunächst musst du dich dafür bis zu einem unscheinbaren Ort namens Schleswig, ziemlich im Norden Norddeutschlands, durchschlagen. Suche dort das größte, älteste Gebäude – *Landesmuseum Schloss Gottorf* steht an seinen Eingangstoren. Es hat eine über 800-jährige Geschichte und gilt als eines der bedeutendsten Bauwerke Schleswig-Holsteins. Gehe hinein in seine Hallen und Gewölbe. Moorleichen lauern dort, uralte Wikingerschiffe faszinieren und goldenes Geschmeide lockt. Lass dich davon nicht beirren, sondern finde den Weg in den Garten. Nach einigem Suchen stehst du dort dann vor dem Ziel deiner Reise: vor einem riesigen Globus. Einem Globus, der *begehbar* ist ... und in dessen Innerem sich das *erste Pla-*

Der Gottorfer Riesenglobus lädt zum Staunen ein

netarium der Weltgeschichte befindet! Er wurde zwischen 1650 und 1664 im Auftrag des wissenschaftsvernarrten Herzogs Friedrich III. von Gottorf konstruiert. 3,11 Meter beträgt der Durchmesser dieses Objekts – für ein normales Arbeitszimmer also etwas unpassend. Daher wurde für die Weltkugel ein eigener Pavillon errichtet (der allerdings nicht mehr existiert). Auf ihrer Außenseite sieht man die damals bekannte Welt – also Europa, Asien, Amerika und Afrika. In Dimensionen allerdings, die für eine heutige Reiseplanung eher kontraproduktiv sind …

Der eigentliche Clou ist jedoch, dass du durch eine Einstiegsluke, die irgendwie an jene einer Raumkapsel erinnert, in das Innere der Kugel gelangst. Dort kannst du bei Kerzenschein an einem gemütlichen runden Tisch Platz nehmen (in alten Zeiten hatte man bestimmt auch einen leckeren Wein dabei). Und plötzlich beginnt sich das Firmament über dir zu drehen (was allerdings selten nur mit Wein zu tun hat). Über deinem Kopf ziehen nun Sterne und Sternbilder ihre Bahn. Letztere sind an die Kugeldecke gemalt, die Himmelslichter selbst durch insgesamt rund 1100 Messingnägel mit viereckigen Köpfen (die im Schein einer Kerze tatsächlich sternengleich funkeln) dargestellt. Das Himmelszelt dreht sich in einem vollkommenen Kreis über den Tisch. Ja, ein Wunder! Eines, das sich sogar regulieren lässt: Einst drehte sich das – durch Wasserkraft bewegte – Planetarium in Echtzeit, also in den langsamen Zeitläuften des natürlichen Sternenlaufs. Durch ein paar Einstellungen an der Globusmechanik, für die es eine Art »Kontrollpult« in der Globuskabine gab, konnte man diese Bewegung jedoch auch beschleunigen – so, wie es heute grundsätzlich bei den Führungen getan wird ... autsch! Nun gebe ich es zu: Der Riesenglobus, den wir heute als das achte Weltwunder sehen, ist nicht das Original aus dem 17. Jahrhundert, sondern ein sorgfältig rekonstruierter Nachbau aus dem Jahr 2005, der ganz profan durch einen Elektromotor mühelos in jedem Tempo betrieben wird. Das Gebäude, in dem er steht, ist ebenfalls ein Neubau ohne direkte historische Bezüge; allerdings ist er genau an der ursprünglichen Position des Pavillons errichtet worden.

Der Originalglobus galt schon bald nach seiner Errichtung als eine der größten Sensationen des modernen Europas und zog viele Besucher an. Einer davon war der russische Zar Peter »der Große«, der hier eher zufällig im Rahmen des Großen Nordischen Krieges vorbeikam. Er erblickte die Kugel, war begeistert – und wollte sie unbedingt haben. Egal ob nun als Geschenk ... oder doch eher als Kriegsbeute: Man überließ dem Zaren das Wunder. Was allerdings nicht ganz unkompliziert war, da eine Wand des Pavillons fast vollständig eingerissen werden musste, um die Kugel überhaupt herauszubekommen (das anschließend ungenutzte Bauwerk zerfiel und wurde 1769 abgerissen). Und dann dauerte es auch noch weitere vier(!) mühevolle Transportjahre, bis der Globus endlich in St. Petersburg eintraf. Peter und seine Nachfolger konnten sich immerhin noch eine ganze Weile daran erfreuen.

1747 brannte jedoch die Kunstkammer des Zaren, in der sich auch dieses Weltwunder befand, aus. Die Überbleibsel der Konstruktion aus Eisen und Kupfer sind bis heute in St. Petersburg erhalten und dienten als Vorlage für den Nachbau. Und mal ehrlich: Dieser ist doch als reales, immer noch begehbares Weltwunder allemal besser als irgendeine blasse Erinnerung an längst zu Staub verfallenen Tinnef, die du im Halbschlaf beschwörst!

MIT DEM AUTO SCHWEBEN

Und rauf gehts auf das gute Gefährt

Mit dem Auto schweben, statt zu rollen? Fast überall auf der Welt freundet man sich gerade mit diesem Gedanken an; erste Taxis gleiten bereits bestaunt durch die Luft. Aber noch gilt es als ziemliches Abenteuer! Nur nicht in Rendsburg: Hier schweben Autos schon seit 1913. Ja, das kannst du auch, wenn du dich traust! Du fährst dein Fahrzeug bis auf die Hauptspur. Dann lehnst du dich entspannt zurück und beschäftigst dich mit anderen Dingen. Das Fahrzeug hebt derweil ab und gleitet über das Wasser … Die Reise dauert freilich nur knappe zwei Minuten, du überwindest dabei auch nur eine Strecke von gut 100 Metern – unter der Bahnbrücke entlang, einmal rüber über den Nord-Ostsee-Kanal. Dann landest du wieder auf dem Boden der Tatsachen. Aber immerhin!

Wenn du nun jedoch einen Sensationsbericht über *vergessene Supertechnologien des deutschen Kaiserreichs* erwartest, muss ich dich leider enttäuschen. Bei dem vermeintlichen »Wunder von Rendsburg« handelt es sich nämlich nur um eine selten angewandte, in den Jugendjahren der Industrialisierung aber doch durchaus bekannte Technologie für Flussüberquerungen: eine *Schwebefähre*.

Sie besteht aus einer Art Gondel, die an Stahlseilen oder -trägern hängt und mittels einer Rollmechanik unter einer Brückenkonstruktion hin- und herbewegt werden kann. Über einen Fluss natürlich, mit Auffahrrampen auf die Fährplattform für Fahrzeuge an beiden Ufern. Sonst wäre es ja eine Seilbahn. Gegenüber herkömmlichen Fährschiffen hat die Schwebefähre zwei entscheidende Vorteile: Sie kann auch dann noch fahren, wenn das zu überquerende Gewässer gefroren ist. Und sie verbraucht weniger Energie als der Weg zu Wasser. Auch Brücken gegen-

Die Schwebefähre, die in Rendsburg den Nord-Ostsee-Kanal überquert und den Betrieb bald wieder aufnehmen soll

über (auf denen man ja ebenfalls trefflich Flüsse überqueren kann!) hat sie einen gewissen Vorteil: Wenn auf den zu querenden Flüssen Schiffe mit hohen Aufbauten fahren – wie auf dem Nord-Ostsee-Kanal eben üblich –, dann müssten Brücken sehr hoch gebaut werden. Was wiederum eine sehr lange Anfahrtsrampe erfordert. Ein Auto kann ja nicht Treppen steigen. Und Allradantrieb hat auch nicht jedes. Man könnte es freilich mit einem Fahrstuhl versuchen – aber das wäre noch viel aufwendiger als eine Schwebefähre.

Eine geniale Sache ist das also – wäre da nicht ein kleiner, aber hässlicher Nachteil, der alle Vorteile wieder zunichtemacht: Man muss auf die Fähre *warten*. Wie auf alle Fähren. Gerade mal vier Automobile und vielleicht 60 Fußgänger können in Rendsburg pro Tour mitgenommen werden. Und diese Touren gibt es nur im Viertelstundentakt. Das mag hier vielleicht noch gehen – denn es wird nur die Kleinstadt mit der ländlichen Gemeinde Osterrönfeld verbunden. Aber eine Schwebefähre anstatt des Hamburger Elbtunnels mit seinen täglich 60 000 Autodurchfahrten pro Richtung – undenkbar. Der Letzte in der Schlange nur *eines* Tages müsste knapp zweieinhalb Jahre auf seine Passage warten. Tunnel und Brücken, die man jederzeit passieren kann, sind so gesehen halt doch praktischer. Daher haben sich die Schwebefähren auch nie wirklich durchsetzen können – gerade mal 20 wurden weltweit gebaut. Jene in Rendsburg ist jedoch nur Teil einer ganz anderen Ingenieursgroßtat: Sie hängt nämlich unter der gigantischen Eisenbahnbrücke, die kurz vor dem Ersten Weltkrieg über den Nord-Ostsee-Kanal gebaut wurde. Ein Koloss aus 17 740 Tonnen Stahl, der sich über knapp 2,5 Kilometer erstreckt und mit seinen 68 Metern Höhe alles andere im Umkreis von etlichen Kilometern überragt. Zwei Jahre bauten 350 Arbeiter an diesem *ungeheuren Stahlgerüste* (so ein Zeitgenosse), das von den Rendsburgern zunächst gefürchtet wurde wie ein »Monstrum«. Heute ist die Brücke das Wahrzeichen der Stadt. Der spätere Stolz der Rendsburger darauf ist durchaus berechtigt, denn noch heute, nach über 100 Jahren, donnern über diesen Stahlgiganten die meisten Züge des Schienenverkehrs zwischen Deutschland und Skandinavien.

Die Schwebefähre darunter musste allerdings vorerst stillgelegt werden: 2016 kollidierte sie bei Nebel mit einem Frachter und wurde zum Totalschaden …

Wir sehen also: Das Schweben mit einem Auto ist auch nach über 100 Jahren Erfahrung gar nicht so ohne – und bleibt deshalb etwas für echte Abenteurer!

GUT ZU WISSEN:
In Deutschland gibt es nur noch eine einzige weitere Schwebefähre – sie schwebt auch im Norden: In Osten-Hemmoor (Landkreis Cuxhaven) nahm man ein ähnliches Konstrukt wie in Rendsburg bereits 1909 in Betrieb, allerdings nur halb so groß – und auch ganz ohne Eisenbahnüberbau. Solange die Fähre in Rendsburg repariert wird, kann man von April bis Oktober auf die nicht minder imposante Fähre in Osten-Hemmoor ausweichen. Beide Schwebefähren des Nordens tragen heute den Titel *Historisches Wahrzeichen der Ingenieurbaukunst in Deutschland.*

BESTEIG DAS WINDRAD!

Jeder wahre Abenteurer muss einmal in seinem Leben eine Windkraftanlage bestiegen haben – das ist schon klar, oder? Es finden sich wohl nirgendwo mehr von ihnen als in Norddeutschland und weltweit kaum höhere: Die Giganten unter ihnen messen bis zu 135 Meter Höhe.

Windräder machen in dieser Gegend durchaus Sinn, denn wenn es hier eines reichlich gibt, dann ist es Wind. Fast ständig weht er über das flache Land und lässt die Rotorenarme dieser Riesen durchgehend rudern. Die Anlagen gehören inzwischen zum Alltagsbild des Nordens wie Wälder, Wiesen und Watt. Mehr als ein Fünftel der gesamtdeutschen Elektrizität werden derzeit von ihnen erzeugt. Auf so einen Propellermast jedoch als Privatperson hinaufzukommen, ist eine echte Herausforderung: Der Zutritt auf die Windwandler ist nämlich eigentlich nur

Besonders Abenteuerlustige können die 65 Meter hohe Windkraftanlage Westerholt besteigen

Fachpersonal gestattet! Und dies auch nur nach strengem Tauglichkeitstest auf Schwindelfreiheit, hartem semi-alpinen Training und abschließendem Gondelpilotenzertifikat. Denn entweder gibt es da nur eine wackelige Leiter, an die man sich extra anseilen muss, um an ihr hinaufzuklettern. Oder einen provisorischen Fahrstuhl, der eher einem Wäschekorb an der Leine gleicht und heftig im Wind schaukelt. Oben angekommen wartet auf den professionellen Turmsteiger zudem nur eine schmale Arbeitsplattform. Hier ein falscher Schritt – und er kann nur hoffen, dass er das Anseilen aus dem semi-alpinen Training nicht vergessen hat. Sonst startet er nämlich unweigerlich zu seiner letzten Flugreise ...

Aus diesen – verständlichen – Gründen lassen die Kraftwerksbetreiber höchst ungern Normalos auf ihre Bauwerke. Die einzige Ausnahme von dieser Regel findet sich im ostfriesischen Westerholt: Hier hat man bei einem Windrad des Typs E-66 *in* die Stahlröhre, die den Rotor hält, eine Wendeltreppe einbauen und unterhalb des Maschinenraums eine verglaste Aussichtsplattform installieren lassen – eigens für Abenteurer wie dich und mich. Trotzdem ist der Aufstieg reinster Nervenkitzel. Er beginnt damit, dass du schon am Boden einen Bauhelm tragen musst – aber okay, ist halt ein Werksbetrieb. Richtig mulmig wird es einem dann, wenn man dazu noch die obligate Atemmaske in die Hand gedrückt bekommt – für alle Fälle von Rauchentwicklung, Gasangriff und sonstiger Atemnot. Ausgerechnet in einer Anlage, die mit *bewegter Luft* betrieben wird! Aber gut, in einem Flugzeug wird einem ja auch immer der Gebrauch der Schwimmwesten unter den Sitzen erklärt – und die hat schließlich auch kaum einer je gebraucht ...

Also nur Mut und hinaufgewendelt – mit deiner ganzen Muskelkraft! Du musst nämlich 297 Stufen bezwingen – das entspricht ungefähr 14 Stockwerken eines Hauses. Du brauchst also schon einiges an Kondition. Vielleicht ist es aber für dich ein Ansporn, dir diese anzueignen, wenn du weißt, dass ein 15-Jähriger die Strecke rauf und runter schon mal in weniger als zwei Minuten geschafft hat. Rauf und runter in dieser engen, vertikalen Röhre, die nur mäßig von Neonlampen beleuchtet wird und in der es merkwürdig rauscht. Nichts für Menschen mit Platzangst. Nach 30 Höhenmetern gibt es eine Verschnaufpause auf einer kleinen Galerie. Aber was ist das? Irgendwas bewegt sich da, selbst wenn man still steht. Ist dir nur schwindelig von der ewigen Wendeltreppe – oder *schwankt* der Turm?

Mit Sicherheit ist es zumindest der Turm, der schwankt. Kontrolliert natürlich. Die Windkräfte setzen die Rotoren in Bewegung – und damit auch die gewaltige Stahlröhre, an der sie sich drehen. Aber dafür ist das alles ja schließlich konstruiert. Rede dir das bloß immer wieder ein!

Mit einem Stoßgebet an den Gott der Ingenieurskunst geht es zum Endspurt. Nur noch etwas über 100 Stufen. Endlich: eine Art Schott, wie man es aus U-Boot-Filmen kennt. Nur mutig hindurch – Wasser wird dir schon sicher nicht entgegenbranden ...

Und dann: Weite! Der Blick aus 65 Meter Höhe auf ein Land, dessen größte natürliche Bodenerhebung gerade mal 30 Meter über dem Meeresspiegel liegt, ist schon atemberaubend! Grüne Wiesen, so weit das Auge reicht. Darauf in regelmäßigen Abständen weitere Ökostromanlagen. Der Ort Westerholt wie ein Modellbahndorf. Das Meer in der Ferne. Und direkt da unten, ganz klein: Kühe, die dösig grasen ...

Mit sanftem Brummen schieben sich zwischen diese Bilder in gleichmäßigem Takt die Rotorblätter. Von hier oben wirken sie noch viel größer als aus der Untersicht. Ihre Bewegungen versetzen den Turm in Schwingungen, 1,50 Meter geht es maximal hin und her; bei größeren Windstärken dreht sich die Apparatur automatisch aus dem Luftstrom und hört auf, sich zu drehen. Bei diesem Wiegen des Betonturms bekommt man ehrfürchtig eine Ahnung davon, was für Titanenkräfte hier walten – und wie kluge Techniker sie einfangen. Es läuft alles wie geschmiert, der Turm stürzt nicht in sich zusammen. Stattdessen entstehen da in dem tonnenschweren Motorblock, der sich über der Plattform befindet, andauernd Kilowatt, Volt ... oder was immer die Lampe, den Kühlschrank oder den Fernseher antreibt.

Nach einer Zeit des Staunens geht es wieder hinab.

Und dies bitte schön unbedingt wieder auf dem Weg, den du gekommen bist!

Nein, hier wird sich nicht abgeseilt, nicht mit (oder noch schlimmer: ohne!) Fallschirm gesprungen und auch kein Helibag ausprobiert! Auch wenn es reizt: Unterlasse das bitte! Sonst wird diese Art des Abenteuers am Ende noch für alle Nachfolgenden verboten – und du wärest schuld, du egoistischer Spielverderber!

SPUK-WATCHING

Abenteuer übersinnlicher Art sind gerade voll im Trend! Auf den Fluren schottischer Schlösser drängeln sich täglich Dutzende selbst ernannter Ghostbusters, TV-Teams durchleuchten – buchstäblich! – die letzten Abbruchvillen der französischen Provinz, im Viertelstundentakt werden johlende Touristenhorden durch japanische Geisterwälder geführt ... Kein Wunder, dass sich da jede Art von Spuk entnervt in Luft auflöst und unsichtbar wird. Zum Glück hat der internationale Wanderzirkus für Paranormales Norddeutschland noch nicht für sich entdeckt. Hier gibt es also noch *authentisches, unbeeinflusstes Übersinnliches* zu sehen! So, wie man es sich wünscht und wie es in alten Geistermären beschrieben ist. Es gibt hier vielleicht nicht allzu viele Schlösser und Burgen – jene Orte also, in denen noch der letzte Depp ein Phantom vermutet. Dafür aber zum Beispiel **BAUERNHÖFE:** Auf womöglich jedem vierten hier hat sich irgendwann einmal ein Landmann aufgehängt. Oder ist besoffen in der Güllegrube ertrunken. Und geistert nun herum. Das Treiben von **HEXEN** ist in einigen abgelegenen Winkeln der Region bis ins 20. Jahrhundert nachweisbar, womöglich gibt es die Zauberfrauen dort also sogar noch heute! Auch **KIRCHEN** sind zu allen Zeiten Orte dämonischer Erscheinungen gewesen, da die (durch Karl den Großen) zwangschristianisierten Norddeutschen schon immer ein ambivalentes Verhältnis zu Gotteshäusern hatten.

LOST PLACES an sich? Genau genommen ist ganz Norddeutschland ein einziger Lost Place! Noch wird über alles Mysteriöse in diesem Land nur dezent geraunt. Irgendwann aber wird das alles in großem Stil bekannt, die Community der Geisterjäger wird anrücken – und dann ist es aus mit dem Spuk, wie anderswo schon lange. Wenn du dir also den wohligen Schauer einer außernatürlichen Erscheinung gönnen willst – dann möglichst bald! Im Folgenden habe ich für dich – zum Einstieg – einige Orte aufgelistet, an denen du ohne großen Aufwand einen ersten Thrill finden kannst:

SCHLOSS SCHWERIN

Das sogenannte **PETERMÄNNCHEN**, ein gnomgroßer (Polter-)Geist, soll sich in den Gewölben des Schlosses herumtreiben. Es wird seit Jahrhunderten in etlichen

Historien erwähnt, insgesamt sind es um die 700. Die Chance, ihm persönlich zu begegnen, ist also recht hoch. Der Geist – angeblich jener eines kleinwüchsigen Schmiedes aus der Umgebung namens »Peter« – gilt als eher gutmütig. Er vertreibt vor allem unerwünschte Eindringlinge, Diebe und Randalierer aus dem Schloss. So zum Beispiel den bekannten schwedischen General Wallenstein, der im Dreißigjährigen Krieg mit seinen Truppen in die Stadt eingezogen war und in der Residenz sein Quartier nahm. Er soll dort kein Auge zugetan haben vor lauter Schabernack des Petermännchens, reiste vergrault am nächsten Tag schon wieder ab und kehrte niemals wieder. *Leider ist heute eine Übernachtung im Schloss offiziell nicht möglich.*

VERDEN AN DER ALLER

Hier soll es gleich vier Spukorte geben! Einer davon ist die **B215**, auf der nachts zwischen 2 und 3 Uhr eine **WEISSE FRAU** Autofahrern, die mit überhöhter Geschwindigkeit unterwegs sind, warnende Zeichen geben soll. Da bietet sich ein Selbstversuch also förmlich an … Verwechsle aber den weißen Geist bitte nicht mit einer Radarfalle – die strahlen rotes Licht aus! Eine weitere weiße Frau gibt es auch auf der nahe gelegenen **ALLERINSEL** – nebst einigen schwarzen Legenden über sie. Dazu noch zwei spukige Häuser … Verden ist also auf jeden Fall eine Reise wert!

WUNSTORF

»Noch heute lebt der Glaube an Hexen in überaus starkem Maße. Ich habe fast in jedem Dorfe Frauen gefunden, denen man sein Vieh nicht zeigte oder vor denen man seine Kinder hütete. Oft geraten solche Frauen ihres Aussehens wegen in solchen Verdacht, zuweilen, aber selten, ihrer Beschäftigung mit Krankheitsbesprechungen wegen. In einem Dorfe wollte mir deshalb eine solche Frau ihre Zauberformeln nicht sagen, weil eine Frau, mit der sie deren Klatschhaftigkeit wegen in Streit geraten war, sie der Hexerei bezichtigt hatte.«

So berichtet noch 1938 ein Volkskundler verblüfft über die Gegend rund um Wunstorf. Sie liegt recht abgelegen – womöglich herrscht der Hexenglaube dort noch heute? Der nahe gelegene **TIENBERG** galt jedenfalls schon immer als Sammelplatz der Hexen. Man könnte auch sagen: eine Art satanischer »Provinzflughafen« – da sie von hier regelmäßig zur Walpurgisnacht auf den Brocken abhoben.

UKLEISEE

Ein merkwürdig »dunkel« anmutender Ort, über den schon der Dichter Emanuel Geibel (1815–1884) schrieb:

»Von Hügeln dicht umschlossen, geheimnisvoll
Verhüllt in Waldnacht dämmert der Uglei-See
Ein dunkles Auge, das zur Sonne
Nur um die Stunde des Mittags aufblickt.
Weltfremdes Schweigen waltet hier umher, es regt
Kein Hauch des Abgrundes lauteren Spiegel auf,
Nur in des Forstes Wipfeln droben
Wandelt wie ferner Gesang ein Brausen.«

DIE KOHLINSEL BEI PLAU AM SEE

Sie gilt in der Gegend einfach nur als ein »unguter« Ort, den man meiden sollte. Klassische »Sichtungen« werden nicht genannt – aber das soll ja nichts heißen... Auf jeden Fall ist diese Insel per se sicher eine Untersuchung wert, lag doch im Mittelalter nachweislich eine slawische Burg darauf, die allerdings durch die Anhebung des Wasserspiegels versunken ist.

WESENBERG

Wesenberg ist ein kleiner märchenhaft-verwunschener Ort im Niemandsland zwischen Brandenburg und Mecklenburg. In diesem Städtchen erzählt man sich auffällig viele düstere Legenden, Sagen und Spukgeschichten aus alten Zeiten. Die jüngste datiert auf das Jahr 1880; sie handelt von einer klassischen Poltergeist-Erscheinung, die es originellerweise in einem Schulgebäude gab. Die meisten ranken sich um die Kirche St. Marien. Tatsächlich hängt in dieser ein rostiges Metallknäuel an der Nordtür – also jener zum Selbstmörderfriedhof. Daneben ein Hinweisschild »Teufelskette« ...

Die Sage dazu zu erzählen, würde hier allerdings den Rahmen sprengen. Zumal es auch noch eine viel schönere – bzw. gruseligere gibt:

In Norddeutschland lässt es sich gut gruseln – wie hier an der Burg Wesenberg

In einer dunklen Winternacht erwachte eine Bewohnerin des Ortes in dem Glauben, sie hätte schon fast die Frühmesse verschlafen. Eilig machte sie sich in die gotische Kirche auf und tatsächlich: Die Messe war schon in vollem Gange! Allerdings musste sie feststellen, dass der Priester, der dort das Hochamt verrichtete, schon 20 Jahre tot war; auch die Beterin neben ihr entpuppte sich als eine verstorbene Nachbarin. Da raunte es auch schon von der Kanzel: »Wir Toten lassen euch den Tag, so lasst uns denn auch die Nacht; geh ruhig heim, aber sieh dich nicht um.« Die Frau floh in Panik – und kam mit einem Schrecken und einem angesengelten Mantel davon …

MUSIK-
SPECIAL

p
dim.
pp

DIE GESÄNGE DER UREINWOHNER

Ein Gastbeitrag des bekannten Ethnologen Prof. Dr. Alois Maria Jodlhuber vom Niederbayrischen Institut für Norddeutschalistik, Schweinssakraheim

Wissenschaftler aus Völkerkunde, Soziologie, Psychologie und noch manchen anderen akademischen Gewerken wissen lange schon um die Macht der Musik, besonders um die des Gesangs. Singen ist vermutlich die älteste künstlerische Ausdrucksform von allen. Alle Völker dieser Erde haben ihre eigenen Gesänge, oft wird ihnen sogar eine magische Kraft zugeordnet. Man singt anderen etwas vor, teilt ihnen etwas mit; sie hören entrückt und bewundernd zu. Oder man singt gemeinsam – das schafft eine harmonische Atmosphäre, ein Gefühl von Verbundenheit.

Gerade für Feldstudien bei den Ureinwohnern Norddeutschlands sollte man unbedingt ein ausgeprägtes musikalisches Empfinden mitbringen. Denn so schweigsam der Norddeutsche sonst auch sein mag – er *singt* ausgesprochen gern! Vor allem auf Geburtstagen, Hochzeiten, Beerdigungen ... halt überall dort, wo die Menschen Spaß haben wollen und der Alkoholpegel stimmt. Bei der Kontaktvertiefung zu den nordischen Studienobjekten ist es also – als vertrauensbildende Maßnahme – fast unerlässlich, so oft wie möglich in ihre Chorgesänge einzufallen. Das schätzen die Nordlinge sehr! Allerdings sollte man vor allem so oft wie möglich ihren musikalischen Weisen einfach nur *lauschen* – denn so erfährt man unglaublich viel über das Wesen dieses wundersamen Volkes!

Das norddeutsche Liedgut umfasst außergewöhnlich viele Titel, bis heute werden ständig neue komponiert. Vom Madrigal der Renaissance (*Zahrt schone Fru* von Anonymus) bis zum Rap von heute (*Nordisch by nature* von **FETTES BROT**) – der Stil der Musik unterwirft sich fast immer den jeweils aktuellen, internationalen Moden, da die Globalisierung auch vor Norddeutschland nie Halt gemacht hat.

Und niemand hier als »Hinterwäldler« verspottet werden will.

Die Texte jedoch werden seit Urzeiten mit dem immer gleichen, wilden, unvergleichlichen Charme des Nordischen geschrieben, bevorzugt im niederdeutschen Idiom. Derbheit, Ironie, Grausamkeit, trockener Humor, Trotzigkeit, manchmal aber auch abgrundtiefe Melancholie oder hauchzarte Empfindsamkeit kommen in diesen Versen ausgeprägter zum Vorschein als in allen anderen *Lyrics*, die auf dieser Welt verfasst werden. Global ohnegleichen ist auch die Vielfalt der besungenen Themen. Es gibt eigentlich kaum etwas, das noch nicht behandelt worden wäre – und sei es auch noch so abwegig: Wikingersex, Hasenkeulen, nächtliche Erotik, Seemannsfreiheit, Freundestod, Flaschbier, Witwendasein, schrottreife Schiffe, Güllezeiten, Motorradfahren, Sex mit Prostituierten ... sogar über Tüdelbänder gibt es ein Lied – es ist bei den Einheimischen sogar ausgesprochen populär!

Wahrscheinlich *nur* durch eine genauere Erforschung dieser Gesänge lässt sich irgendwann die Gedankenwelt der Norddeutschen, welche uns heute noch vollkommen unverständlich, rätselhaft und unergründlich erscheint *(in aktuellen Publikationen wird sie sogar bestenfalls als »verworren« beschrieben)*, für die internationale *Science-Community* begreif- und analysierbar machen. Vielleicht wird so eines Tages sogar eine neue Lehrmeinung entstehen, nach der die Nordlinge mental doch gar nicht so simpel sind, wie derzeit allgemein angenommen ...

Beginnen wir diese Mammutaufgabe doch gleich jetzt, an dieser Stelle!

Um Ihnen einen ersten Impuls zu geben, möchte ich Ihnen im Folgenden vier phänotypische Texte von Liedern vorstellen, die *(zumindest)* im Norden sehr bekannt sind. Alle wurden auf Plattdeutsch geschrieben; zum besseren Verständnis habe ich jeweils eine *(teilweise etwas freie)* Übersetzung nebst einigen Anmerkungen über das Werk an sich beigefügt.

Danach ... sind Sie frei weiterzuforschen, wie immer es Ihnen gefällt!

♡ DAT DU MIN LEEVSTEN BÜST

Ausgerechnet ein Lied, in dem vorehelicher Bauernsex besungen wird, gilt als das bekannteste unter den norddeutschen Volksweisen!

Einige sehen darin einen Hinweis auf eine besondere Fertilität (➔ *Fruchtbarkeit*) der weiblichen bzw. Virilität (➔ *Potenz*) der männlichen Ureinwohner der Region. Bewiesen ist das alles jedoch noch nicht.

Das Entstehungsdatum des Werkes ist nicht bekannt, die erste erhaltene Niederschrift stammt aus dem Jahre 1845. Ebenso unbekannt ist der Name des Autors;

vermutlich wollte er bewusst anonym bleiben, da er sonst womöglich am Ende noch Alimente hätte zahlen müssen …

Dat du min Leevsten büst
Dat du woll weeß
Kumm bi de Nacht
Kumm bi de Nacht
Segg, wo du heeßt

Kumm du um Middernacht
Kumm du Klock een:
Vader slöpt, Moder slöpt
Ick slap alleen

Klopp an de Kammerdör
Fat an de Klink
Vader meent, Moder meent
Dat deit de Wind

Kümmt denn de Morgenstünn
Kreiht de ol Hahn.
Leevster min, Leevster min
Denn mößt du gahn.

Dass du mein Liebster bist
Das weißt du wohl
Komm in der Nacht
Komm in der Nacht
Sag, wie du heißt

Kommst du um Mitternacht
Oder kommst du erst um eins:
Vater schläft, Mutter schläft
Ich schlaf allein.

Klopf an die Kammertür
Rüttle an der Klinke
Vater meint, Mutter meint
Das sei der Wind

Kommt dann die Morgenstund
Kräht der alte Hahn.
Liebster mein, Liebster mein
Dann musst du gehn.

MATTEN HAS'

Der Text zu diesem Lied erschien erstmals 1853 in dem Gedichtband **QUICKBORN** des aus Heide in Holstein stammenden Lyrikers und Schriftstellers **KLAUS GROTH** *(* 1819 / † 1899)*. Dieser strebte zeitlebens danach, eine *Gleichberechtigung der plattdeutschen neben der hochdeutschen Literatur* zu beweisen, und schrieb daher grundsätzlich nur in plattdeutscher Sprache. Dabei erreichte er dichterisch ein so hohes Niveau, dass seine Werke auch über die norddeutsche Tiefebene hinaus bekannt wurden, obwohl sie »op Platt« verfasst waren.

Die Vertonung seines **MATTEN HAS'** *(wörtlich übersetzt: »Der Hase Martin«)* klingt wie ein fröhliches Kinderlied. Man sollte es aber tunlichst erst Kindern ab 12 Jahren vorsingen: Am Ende dieser Fabel wird der kleine Hase Matten nämlich ziemlich brutal ums Leben gebracht und aufgefressen.

Für die von Wind, Wetter und Schlachtefesten abgehärteten Nordkinder zu Groths Zeit war das kein Problem, eher: ganz natürlich. Manche der naturfernen Sechsjährigen von heute allerdings brechen zum Finale des Liedes hemmungslos in Tränen aus, weil »Hasi tot ist«. Den Pubertierenden unserer Zeit jedoch kann man das Werk bedenkenlos zumuten. Ein oft gehörter Kommentar aus dieser Zielgruppe: »Voll cooler Splatter, Alter!«

Lütt Matten, de Has',
de maak sick een Spaß
He weer bi't Studeern
dat Danzen to lehrn
un danz ganz alleen
op de achtersten Been

Keem Reinke de Voss
un dach: Dat's een Kost!
Un seggt: Lüttje Matten,
so flink op de Padden?
Un danzst hier alleen
op dien achterste Been?

Kumm laat uns tosam!
Ik kann as de Daam!
De Kreih, de speelt Fidel,
denn geiht dat kandidel,
denn geiht dat man scheun
op de achtersten Been!

Lütt Matten geev Poot,
de Voss beet em dood.
Un sett sick in 'n Schatten,
verspies de lütt Matten.
De Kreih, de kreeg een
vun de achtersten Been

Kleiner Martin der Hase
der macht sich 'nen Spaß
Er war am Studieren
das Tanzen zu lernen
und tanzt ganz allein
auf den Hinterbeinen

Kam Reinke (Reinhart) der Fuchs
und dacht: Leckre Kost!
Und sagt: Kleiner Martin
so flink auf den Pfoten?
Und tanzt hier allein
auf deinen Hinterbeinen?

Komm, lass uns zusammen!
Ich gebe die Dame!
Die Krähe spielt die Fidel,
dann geht das echt lustig,
dann geht das mal schön
auf den hinteren Beinen.

Kleiner Martin gab Pfote,
der Fuchs biss ihn tot.
Und setzte sich in den Schatten,
verspeiste den kleinen Martin.
Die Krähe, die kriegte eines
von den hinteren Beinen.

HAMBORGER VEERMASTER

Dieses Shanty ist nicht gerade ein Werbesong für die christliche Seefahrt Hamburgs, dafür aber ein Zeitdokument, das uns den harten Seemannsalltag des 19. Jahrhunderts nahebringt. Realistisch, derb, unverblümt. Und immerhin zeigt sich darin, dass es schon damals die hanseatische Weltoffenheit gab – weil der Refrain auf Englisch gesungen wird. Das darin erwähnte »Gold von Sacramento« deutet darauf hin, dass der Song so um 1850 entstanden sein muss: Zu dieser Zeit gab es nämlich gerade einen Goldrausch in Kalifornien. Von wem der Text stammt, ist unbekannt. Vielleicht hat einer einmal damit angefangen – und viele andere haben danach in immer neuen Strophen ihren aktuellen Frust über das Bordleben abgelassen. »Shitstorm« würde man heute dazu sagen …

MIN JEHANN

Noch ein Text des norddeutschen Heimatdichters Klaus Groth – jedoch in einer ganz anderen Tonalität als sein eben vorgestelltes Lied über den kleinen Hasen Matten; das war in »Garstig-Dur« komponiert.

Hier erklingt stattdessen das »Norddeutsch-Moll« – die wahrscheinlich melancholischste Tonart von allen. Das Grau eines nordischen Wintertages schwingt darin ebenso wie die Trauer um einen verstorbenen Freund – um den es tatsächlich auch in den Versen geht.

So hart der Nordling nämlich von außen auch immer erscheinen mag: Sein innerer Kern ist weich und hat es zum tiefen Tal der Depression nie besonders weit.

Wenn er also einmal in Trauer ist – dann aber auch richtig.

Dieses Lied ist ein perfektes Zeugnis dafür. So war es auch sicher mehr als passend, dass es im Jahr 2015 auf der Trauerfeier für Helmut Schmidt, dem bis dato einzigen norddeutschen Bundeskanzler, gespielt wurde …

Ick wull, wi weern noch lütt, Jehann,
Dor weer de Welt so groot
Wi seeten op den Steen, Jehann,
Weest noch, bi Naver's Soot?
An Heben seil de stille Maan,
Wi segen wo he leep
Un snacken, wo de Heben hoch
Un wo de Soot wull deep.

Weest noch, wo still dat weer, Jehann,
Dor röhr keen Blatt an'n Boom
So is dat nu nich mehr, Jehann,
As höchstens noch in'n Droom
Och nee, wenn dor de Schäper süng
Alleen in't wiede Feld
Ni wohr, Jehann, dat weer een Ton
De eenzig op de Welt.

Mitünner in de Schummertied
Dor ward mi so to Moth
Denn löppt mi't langs de Rügg so hitt,
As dormols bi den Soot
Denn dreih ick mi so hastig üm
As weer ick nich alleen
Doch allens, wat ick finn, Jehann,
Dat is – ik sta un ween.

Ich wollte, wir wärn noch klein, Jehann,
Da war die Welt so groß
Wir saßen auf dem Stein, Jehann,
Weißt noch, bei Nachbars Brunnen?
Am Himmel schien der stille Mond,
Wir sahen seinen Lauf
Und sprachen, wie hoch der Himmel
Und wie tief der Brunnen wohl sein mögen.

Weißt noch, wie still es war, Jehann?
Da rührte sich kein Blatt am Baum
So ist das nun nicht mehr, Jehann,
Höchstens noch im Traum.
Oh nein, wenn da der Schäfer sang
Allein im weiten Feld
Nicht wahr, Jehann, das war ein Klang
Der einzige auf der Welt.

Mitunter in der Dämmerung
Da hab ich so ein Gefühl
Dann läuft's mir heiß den Rücken lang,
Wie damals an dem Brunnen
Dann dreh ich mich ganz hastig um
Als wäre ich nicht allein
Aber alles was ich find', Jehann,
Das ist – ich steh da und weine.

Klaus Groth (1819–1899) gilt als *der* Dichter Norddeutschlands

KULTURELLES MINIMAL-GRUNDWISSEN

Die Wikingersiedlung Haithabu wurde 1066 zerstört.

NORDEUROPAS WELTSTÄDTE

BETONEN SIE HAMBURGERN GEGENÜBER IMMER, DEREN WOHNORT SEI EINE ABSOLUTE WELTSTADT!!! Sonst riskieren Sie:

- Minderwertigkeitsgefühle bei den Einwohnern, die vereinzelt zu schweren Depressionen führen können;
- ein blaues Auge o. Ä. bei sich selbst.

TIPP
Ratsam ist es, dieses Ritual auch in Bremen, Hannover und Neumünster durchzuführen – in angepasster Form natürlich (zum Beispiel: »Bremen ist ja irgendwie so ... global!«)! Die Ureinwohner werden sich zumindest geschmeichelt fühlen ...

Es ist schon bemerkenswert: Ungefähr dort, wo die norddeutsche Tiefebene beginnt, endet das Reich der Weltstädte. Also der Millionenmetropolen, die von international zentraler Bedeutung für Wirtschaft, Handel, Politik, Wissenschaft und Kultur sind. Nördlich von Hannover gibt es nichts mehr, was auch nur ansatzweise mit London, Paris, New York, Tokio, Peking usw. konkurrieren könnte. Ein paar nette skandinavische Hauptstädte gibt es – sie sind eher klein und gemütlich. Wie auch alle anderen urbanen Gebilde von Deutschland bis Island. *(Ausgenommen natürlich: Hamburg!!!)*

Möglicherweise ist dies das Resultat eines über Jahrhunderte gewachsenen allgemeinen nordischen Understatements. Oder auch der kollektiven historischen Erfahrung mit dem Thema »Weltstadt«: Vor gut 1000 Jahren nämlich (»Hammaburg« war damals nur ein kleines Kaff) gab es tatsächlich im heutigen Schleswig-Holstein eine solche! Wahre Norddeutsche hegen bis heute einen gewissen Stolz auf sie. Und sind trotzdem froh, dass der Rummel von damals der Ruhe des Heute gewichen ist ...

Der Name dieser Stadt: **HAITHABU**.

Nein, das finden Sie jetzt nicht so ohne Weiteres auf der Karte – und Ihr Navi schweigt vermutlich auch standhaft. Die Stadt wurde nämlich 1066 geplündert, niedergebrannt und nie wiederaufgebaut. Die Überlebenden gründeten stattdessen eine neue Siedlung, ein paar Kilometer von der alten Stelle entfernt. Die gibt es heute noch und heißt Schleswig … aber eine Weltstadt ist das nun weiß Gott nicht.

Vom alten Haithabu steht heute allein noch der Halbkreiswall, der die Stadt vor Angreifern schützen sollte. Was aber ganz offensichtlich nicht immer geklappt hat …

Neun Meter hoch war er – und konnte immerhin in seiner guten, soliden Marschbodenbauweise nicht wie die Holzhäuser dahinter abgefackelt werden. Also steht er noch heute. Vor ein paar Jahren hat man außerdem ein paar der Bauten, die hier wohl so (oder so ähnlich) tatsächlich einmal standen, rekonstruiert. Das ist nun ein schönes Freiluftmuseum für *Wikinger*-Lebensart.

Ja, Wikinger! Die Nordlinge aus TV-Serien von *Vikings* bis *Wicki*! Oder aus Schlagern, in denen es unter anderem heißt: »Wir saufen den Met, bis keiner mehr steht!«

Haithabu wurde im 8. Jahrhundert von ihnen gegründet. Die Gegend lag damals ziemlich brach, weil die germanischen Ureinwohner gerade nach England ausgewandert waren. Die Skandinavier nutzten die Chance und nahmen sich die Freifläche einfach. Für sie war der Ort ein großartiger Ausgangspunkt für ihren Handel mit dem Süden: Hierher konnten sie bequem mit ihren Drachenschiffen von der Ostsee aus einfahren. Und dann ihre Waren direkt an der Grenze zum Frankenreich – die lag gleich um die Ecke – verkaufen.

Oder aber das Handelsgut ein paar Kilometer über Land transportieren, zu einem Fluss namens Eider. Dort wurde alles wieder auf Schiffe geladen, die mit dem Strom hinab zur Nordsee gelangten und von dort in die weite Welt. Es war eine Art früher Nord-Ostsee-Kanal – ohne Kanal allerdings.

Tatsächlich waren die Wikinger nicht ausschließlich diese blutrünstigen Räuber und Saufkumpanen, als die sie gerne dargestellt werden. Draufhauen, dass alle anderen sie fürchteten – das konnten die Hünen aus dem Norden zwar schon. Aber meist nur, wenn es sein musste. Oder es sie einfach überkam …

Viel öfter jedoch zeigten sie sich als wagemutige Händler, die mit ihren Schiffen halb Europa besuchten – bis tief nach Russland hinein.

Hätte es damals bereits Reklame gegeben – vielleicht hätte sie für Rollos schwimmendes Kaufhaus so geklungen: »*Willkommen zu den Wikingerwochen! Un-*

sere Eisenwarenabteilung empfiehlt Ihnen heute: Kupfer aus Schweden – der Klassiker zum Kampfpreis! Und als Schnäppchen des Tages: frische russische Nerzfelle! Luxus pur – für kleines Geld! Wir akzeptieren fast alle Münzwährungen, nehmen aber auch gern Ihr altes, byzantinisches Geschmeide in Kauf!«

Haithabu wurde auf jeden Fall schnell zu *dem* Umschlagplatz Nordeuropas. Gehandelt wurde praktisch mit allen Waren, die zwischen den Fjorden Norwegens und dem märchenhaften Morgenland hergestellt wurden. Kaufleute kamen von nah und fern. So gibt es gar einen Bericht von einem Araber, der Mitte des 10. Jahrhunderts den Ort besuchte. Dieser Ibrahim bin Ahmed al-Tartuschi schrieb damals: *»Haithabu ist eine sehr große Stadt am äußersten Ende des Weltmeeres«* – obwohl es hier nie mehr als 1500 Einwohner gab (und sich das Meer auf der Weltscheibe bekanntlich von hier aus auch noch recht weit nach Norden erstreckt…). In Relation zu den Bevölkerungszahlen anderer Städte nördlich des Mittelmeers aber war Haithabu damit tatsächlich: eine Weltmetropole!

Dass dies eine Schmeichelei gewesen sein könnte, ist fast auszuschließen: Al-Tartuschi berichtete nämlich weiter in seinen Reiseaufzeichnungen: »Nie hörte ich hässlicheren Gesang als den Gesang der Bewohner dieser Stadt: Das ist ein Gebrumm, das aus ihren Kehlen herauskommt, gleich dem Gebell der Hunde, nur noch viehischer als dies.«

Unhöfliche Badegäste… mag kein Norddeutscher. Daher waren wohl alle insgeheim froh, als der Weltstadtspuk irgendwann vorbei war. Bis auf die Hamburger vielleicht…

DER SCHIMMELREITER

»… aber ich sah nichts als die gelbgrauen Wellen, die unaufhörlich wie mit Wutgebrüll an den Deich hinaufschlugen und mitunter mich und das Pferd mit schmutzigem Schaum bespritzten; dahinter wüste Dämmerung, die Himmel und Erde nicht unterscheiden ließ; denn auch der halbe Mond, der jetzt in der Höhe stand, war meist von treibendem Wolkendunkel überzogen. Es war eiskalt; meine verklommenen Hände konnten kaum den Zügel halten, und ich verdachte es nicht den Krähen und

Möwen, die sich fortwährend krächzend und gackernd vom Sturm ins Land hineintreiben ließen. Die Nachtdämmerung hatte begonnen, und schon konnte ich nicht mehr mit Sicherheit die Hufen meines Pferdes erkennen; keine Menschenseele war mir begegnet, ich hörte nichts als das Geschrei der Vögel, wenn sie mich oder meine treue Stute fast mit den langen Flügeln streiften, und das Toben von Wind und Wasser. Ich leugne nicht, ich wünschte mich mitunter in sicheres Quartier. (...)

Jetzt aber kam auf dem Deiche etwas gegen mich heran; ich hörte nichts; aber immer deutlicher, wenn der halbe Mond ein karges Licht herabließ, glaubte ich eine dunkle Gestalt zu erkennen, und bald, da sie näher kam, sah ich es, sie saß auf einem Pferde, einem hochbeinigen hageren Schimmel; ein dunkler Mantel flatterte um ihre Schultern, und im Vorbeifliegen sahen mich zwei brennende Augen aus einem bleichen Antlitz an.

Wer war das? Was wollte der? – Und jetzt fiel mir bei, ich hatte keinen Hufschlag, kein Keuchen des Pferdes vernommen; und Roß und Reiter waren doch hart an mir vorbeigefahren!

In Gedanken darüber ritt ich weiter, aber ich hatte nicht lange Zeit zum Denken, schon fuhr es von rückwärts wieder an mir vorbei; mir war, als streifte mich der fliegende Mantel, und die Erscheinung war, wie das erste Mal, lautlos an mir vorübergestoben. Dann sah ich sie fern und ferner vor mir; dann war's, als säh' ich plötzlich ihren Schatten an der Binnenseite des Deiches hinuntergehen.

Etwas zögernd ritt ich hintendrein. Als ich jene Stelle erreicht hatte, sah ich hart am Deich im Koge unten das Wasser einer großen Wehle blinken – so nennen sie dort die Brüche, welche von den Sturmfluten in das Land gerissen werden, und die dann meist als kleine, aber tiefgründige Teiche stehen bleiben.
*Das Wasser war trotz des schützenden Deiches auffallend bewegt; der Reiter konnte es nicht getrübt haben; ich sah nichts weiter von ihm.«**

DER SCHIMMELREITER von **THEODOR STORM** (1817–1888) gilt als eines der Meisterwerke der norddeutschen Literatur – wenn nicht gar jener des gesamten

**Der Schimmelreiter in: Ausgewählte Novellen von Theodor Storm,* Deutsche Buch-Gemeinschaft, Berlin, ohne Jahresangabe. Buch im Besitz des Autors; Vermerk seines Urgroßonkels darin: »Flensburg, September 1945«.

deutschen Sprachraums. Hier zeigt sich wieder einmal deutlich, dass die Nordlinge durchaus brillant mit Sprache umgehen können – obwohl sie im Alltag lieber den Sabbel halten *(s. auch Kapitel »Nobelpreisträger«)*. Auch die weiteren Werke des in Husum geborenen Autors Theodor Storm, in denen er wie kein zweiter die Realität vom Leben an der Küste beschreibt, sind unbedingt zu empfehlen.

DIE RÖMER IM WATT

Als die Römer frech geworden – simserim simsim simsim
zogen sie nach Deutschlands Norden – simserim simsim simsim
vorne mit Trompetenschall – terätätätätäterä
ritt der Generalfeldmarschall – terätätätäterä

Das Hermannsdenkmal in Detmold wurde zum Gedenken an den Cheruskerfürsten Arminius aufgestellt, der die Römer in der Varusschlacht im Teutoburger Wald entscheidend geschlagen hat

So beginnt ein Studentenlied aus dem 19. Jahrhundert, in dem in humoristischer Form das vermeintliche »Gastspiel« der lateinischen Kultur in Norddeutschland dargestellt wird.

Ein ausgesprochen kurzes Gastspiel – wenn man an die allgemein überlieferte Geschichte vom »unbesiegten Norddeutschland« glaubt. Nach dieser kamen die imperialen Sturmtruppen im Jahre 9 n. Chr. in den Teutoburger Wald, wo die angesäuerten Germanen bereits auf sie warteten. Eine Schlacht, mal eben drei Legionen vernichtet ... und schon konnten die blonden Nordmänner mit den Hörnern an den Helmen in ihre Torfhütten zurückkehren, um sich dort wieder entspannt dem ungezügelten Metkonsum zu widmen. Die Römer trauten sich nie wieder her.

Dem siegreichen Anführer der germanischen Krieger, **ARMINIUS**, wurde zum Dank ein riesiges Denkmal errichtet – allerdings erst knapp 1900 Jahre später und zudem noch nicht einmal in einem der »geretteten« Nordländer selbst, sondern rund 20 Kilometer vor der Landesgrenze zu Niedersachsen, nahe dem nordrhein-westfälischen Detmold.

Aber ganz so einfach ist die Geschichte dann doch nicht – zumal gerade in den letzten Jahren ganz neue, unerwartete Forschungsergebnisse zutage gekommen sind.

Beginnen wir jedoch ganz von vorn: Um Christi Geburt hatte sich das Römische Reich bis zum Rhein und zur Donau ausgedehnt. Trier war eine veritable Großstadt, in Mainz und Xanten, Augsburg und Kempten entstanden große Militärstützpunkte.

Fröhlich marschierten die Legionen jedoch auch nördlich dieser Linie herum – die natürliche Grenze war für sie erst die Elbe. Vereinzelte Widerstände der unorganisierten Ureinwohner wurden von der perfekten Kriegsmaschinerie in der Regel spielend niedergewalzt.

Damit machten die römischen Truppen den Weg frei für Händler und ... Prospektoren. Man erhoffte sich in diesem wilden Germanien nämlich nicht nur neue Absatzmärkte, sondern auch: Bodenschätze.

Kurz nach der Zeitenwende war zumindest Niedersachsen also drauf und dran, eine ganz normale römische Provinz zu werden. Doch dann kam der Aufstand des Arminius dazwischen. Geschickt war es diesem Fürsten, der in der römischen Armee ausgebildet worden war, gelungen, die Warlords der einzelnen Germanenstämme zu einem *gemeinsamen* Angriff auf die Invasoren zusammenzubringen – und damit die Römer zu überrumpeln.

Fakt ist, dass in der sogenannten **VARUSSCHLACHT** im Teutoburger Wald drei römische Legionen – also circa 20 000 Mann – vernichtet wurden. Wo allerdings diese Schlacht genau stattfand, ist noch immer umstritten.

Fakt ist auch, dass dieser Streich das römische Imperium in seinen Grundfesten erschütterte – die siegesgewohnte Supermacht war von einer Horde Wilder geschlagen worden! Und nun lag die gesamte Nordgrenze ungeschützt da ...

Hier beginnt nun das unbekanntere Kapitel der norddeutschen Römergeschichte. Die Varusschlacht war nämlich erst der Anfang eines gewaltigen Krieges: Das Imperium schlug zurück! In den folgenden Jahren marschierten etliche weitere Legionen gen Norden, denen Arminius und seine Gefolgsleute nur mit Mühe standhalten konnten. Der Höhepunkt der Auseinandersetzung fand im Jahre 16 statt:

An der Nordseeküste tauchte wie aus dem Nichts eine gewaltige römische Flotte auf. Rund 1000 Schiffe waren es wohl insgesamt: Truppentransporter, Kriegsgaleeren und kleine, wendige Patrouillenboote für die Flüsse. Nahe dem heutigen Leer entstand ein riesiger Brückenkopf. Bis zu 90 000 Legionäre, 20 000 Pferde und Unmengen an Material wurden hier ausgeschifft, ein Teil der Flotte zog weiter gen Norden. Der Befehlshaber dieser Streitmacht, Claudius Germanicus, hatte sich eine besondere Strategie zurechtgelegt: Er wollte mit seinen Booten Kontrolle über die Flüsse erlangen, so den Feind schwächen und ihn dann mit seinen Legionen vernichtend schlagen. Auf Ems, Weser und Elbe wimmelte es in diesem Jahr also nur so von römischen Soldaten!

Den Aufständischen wurden denn auch empfindliche Verluste beigebracht – eine Entscheidungsschlacht kam jedoch nicht zustande. Entnervt wollen sich die Römer Ende des Jahres auf dem Seeweg in ihre Winterquartiere im Süden zurückziehen, als die Katastrophe geschieht: Eine Springflut bringt viele Schiffe zum Kentern, andere treiben ab. Germanicus kann sich auf die Insel Borkum retten und koordiniert von dort die Rettungsaktionen ...

Ein Zenturio wie aus einem Asterix-Comic, der aufgeregt zwischen den Borkumer Dünen herumflitzt? Legionäre, die ihre Sandalen im Watt verlieren – wie

Badegäste heute ihre Gummistiefel? Und römische Patrouillenboote, die mit einer MG-ähnlichen Wurfmaschine an Bord die Elbe entlangschippern? Das klingt merkwürdig – war aber wohl Realität.

Man kann davon ausgehen, dass unter Flussschlick und Ackerboden des Nordens noch abertausend Galeerenreste, Uniformstücke, Henkeltöpfe und sonstiger Tinnef des Imperium Romanum verborgen liegen.

Offiziell wurde die römische Invasion nach Norddeutschland kurz nach dem Flottendebakel eingestellt. Und nie wieder ein Plan gefasst, die Mettrinker erneut zu stören. Zumindest wird nirgendwo in den römischen Annalen darüber berichtet.

Daher war es *die* archäologische Sensation des Jahres 2008, als man bei **KALEFELD**, am Fuße des Harzes, etliche Artefakte entdeckte, die darauf hinweisen, dass auch hier eine große Schlacht zwischen Römern und Germanen getobt haben muss. Und zwar fast 300 Jahre *nach* der Varusschlacht!

So ganz konnte die Supermacht vom Tiber also doch nicht von ihrem Traum nach klarer Nordluft lassen. Aber offenbar hatten die Legionäre immer wieder von den unbeugsamen Norddeutschen auf den Helm bekommen – sonst hätte man nämlich schon längst auf irgendeinem Steinblock in Rom eine Schlagzeile á la »Glorioser Sieg in Nordgermanien!« gefunden.

Was genau hier geschehen ist, wird wahrscheinlich für immer im Dunklen bleiben. Die Altvorderen des Nordens konnten nämlich sehr viel Met saufen – aber leider nicht einen einzigen Buchstaben (und schon gar keine eigene Heldenhistorie) schreiben ...

NOBELPREISTRÄGER

Es gehört zu den Tugenden der Norddeutschen, ein gewisses Understatement zu wahren. Dennoch soll das folgende Thema an sich nicht ganz unerwähnt bleiben – schließlich handelt es sich um den höchsten Preis, den ein Schriftsteller erreichen kann: den *Nobelpreis für Literatur!* Und mit etwas Fachwissen kann man sich sicher bei belesenen norddeutschen Natives einschmeicheln – wer weiß, wofür das gut ist. Siebenmal in seiner über hundertjährigen Geschichte wurde der internationale Preis deutschen Schriftstellern verliehen. Immerhin vier davon stammen (irgendwie) aus dem Norden. Allerdings kennt man zwei dieser Autoren heute kaum noch. Von den beiden anderen wurde einer im heutigen Polen geboren, der andere kehrte der norddeutschen Tiefebene schon mit 19 Jahren auf immer den Rücken.

Ausgerechnet nach München (für jeden Norddeutschen eine Art Vorhölle) zog er, dieser **THOMAS MANN**! Aber gut, es waren halt andere Zeiten ... Der 1875 in Lübeck geborene Sprössling einer angesehenen Kaufmannsfamilie ertrug den Mief seiner Kleinstadt, die Borniertheit und den Starrsinn der längst abgehalfterten Hanseaten nicht. Also machte sich Thomas Mann auf in die große weite Welt, finanziell abgesichert durch das Erbe seiner Familie. Um eben genau über seine Herkunft den ersten Roman zu schreiben: *Buddenbrooks*. 1901 erschienen, wurde er schnell zum international beachteten Bestseller – und das, obwohl einige Passagen darin in unübersetzbarem Plattdeutsch geschrieben sind. Es folgten viele weitere Romane, Novellen und Kurzgeschichten, die Mann im Laufe der nächsten Jahre auf der ganzen Welt berühmt machten. So war der Schriftsteller wenig verwundert, als 1929 das Nobelpreiskomitee bei ihm anrief. Verblüfft war er allerdings, als er erfuhr, dass er den Preis vornehmlich für seinen Erstling *Buddenbrooks* erhalten sollte. Aber gut: Preis ist Preis ...

GÜNTER GRASS, der 1927 in Danzig, Preußen (heute Gdansk, Polen), geboren wurde, seit 1972 aber mehr oder minder durchgehend in Schleswig-Holstein ansässig war, hatte es da bei seiner Preisverleihung 1999 wesentlich einfacher: Ihm wurde nicht für ein bestimmtes seiner Bücher – von denen wohl *Die Blechtrommel* am bekanntesten ist – die Laudatio gehalten. Sondern für sein Gesamtwerk! »Weil er« – so die Lobesrede – »in munterschwarzen Fabeln das vergessene Gesicht der Geschichte gezeichnet hat.«

Diese Fabeln aber ... lesen Sie bitte selbst.

Ist es nur Zufall, dass – im Verhältnis zum Rest des Landes – überdurchschnittlich viele Norddeutsche den Nobelpreis gewannen? Oder liegt es an einer irgendwie genetisch bedingten Fabulierlust, die sich im Laufe etlicher dunkler Nordwinter an den Herdfeuern entwickelt hat? Wer weiß das schon. Und wer weiß, wie so ein Nobelpreiskomi-

Im Günter Grass-Haus in Lübeck kann man sich vortrefflich über Leben und Werk des Jahrhundertschriftstellers informieren, der viele Jahre in der Hansestadt gelebt hat; hier eine Sonderausstellung mit von Grass angefertigten Aquarellen

tee überhaupt tickt. Für Überraschungen sind die Juroren ja immer gut. Sicher ist nur: Einen Norddeutschen werden sie nicht so leicht aus der Fassung bringen!

LISTE DER DEUTSCHEN NOBELPREISTRÄGER FÜR LITERATUR

1902: Theodor Mommsen, * 1817 im schleswig-holsteinischen Garding, † 1903 in Berlin-Charlottenburg

1908: Rudolf Eucken, * 1846 im ostfriesischen Aurich, † 1926 in Jena

1910: Paul Heyse, * 1830 in Berlin, † 1914 in München

1912: Gerhart Hauptmann, * 1862 im schlesischen Ober Salzbrunn, † 1946 ebendort in Agnetendorf

1929: Thomas Mann, * 1875 in Lübeck, † 1955 in Zürich

1972: Heinrich Böll, * 1917 in Köln, † 1985 in Kreuzau, NRW

1999: Günter Grass, * 1927 in Danzig † 2015 in Lübeck

2009: Herta Müller, * 1953 in Nitzkydorf, Rumänien

DIE WAHRHEIT ÜBER KLAUS STÖRTEBEKER

»Kriegt ihr von euren Hungerlöhnen eure Kinder satt? Ich hatte einen Traum von Frieden und Freiheit. Ich träumte von einem Fleckchen Erde, wo die Menschen von ihrer Hände Arbeit leben können. Ihr Glück finden. Und vielleicht sogar die Liebe. Ja, auch davon habe ich geträumt. Aber selbst dieser Traum war eine zu große Bedrohung für die Hanse. Denn die Hanseaten träumen nur von Macht und Geld!« – ein Hauch von sozialistischem Abendrot weht über den letzten Worten des berühmten Freibeuters **KLAUS STÖRTEBEKER**, bevor er unter einer fahrbaren Guillotine seinen Kopf verliert. Aber wen wunderts, sind wir doch auf dem Gebiet der früheren DDR. Genauer: bei den Störtebeker-Festspielen in Ralswiek auf der Insel Rügen, einem bunten Freiluftspektakel mit gewagten Stunts und beeindruckender Pyrotechnik, operesker Musik und spektakulären Massenaufläufen. Alle Jahre wieder zieht es Abertausende von Badegästen an und vermittelt ihnen den Glauben, etwas über eine der schillerndsten Gestalten norddeutscher Geschichte zu lernen. Dabei ist die Showstory von den historischen Tatsachen wahrscheinlich so weit entfernt wie die Ostseeinsel Rügen vom Hamburger Grasbrook – also jenem Ort, an dem der »echte« Störtebeker 1401 seinen Kopf verloren haben soll. Ein klares Indiz dafür ist, dass diese letale Operation sicher *nicht* mit einer Guillotine vorgenommen worden sein kann – denn das Fallbeil wurde erst 1789 erfunden. Aber was reiten wir hier auf Kleinigkeiten herum: Außer ein paar Hinweisen, dass es (möglicherweise) irgendwann einmal einen Mann (oder gar: mehrere Männer) mit dem hübschen plattdeutschen Namen für »Stürz-den-Becher« gab, wissen wir de facto über den angeblich ach so gefürchteten Seeräuber ... gar nichts! Der »wahre Klaus Störtebeker« ist eine reine *Legende;* einige Teile seiner angeblichen Lebensgeschichte basieren also wohl auf historischen Tatsachen, der große Rest aber ist jedoch vermutlich schlichtweg fiktional. Eine Legende aber ist, wie Legenden nun mal so sind: Es gibt davon etliche Variationen. Fügen wir hier also eine weitere hinzu – eine, die auf neuesten historischen Fakten fußt, verständlich erzählt in moderner Wirtschaftssprache:

Es war einmal ... ein gewisser Herr Störtebeker, der trug den Vornamen »Klaus« (vielleicht hieß er auch Claas, Nikolaus oder Johann – egal!). Er wurde irgendwann um

1360 in Rotenburg an der Wümme, Verden an der Aller, der Hansestadt Wismar oder vielleicht sogar im fernen Danzig geboren. Dieser Klaus jedenfalls ergriff den ehrbaren Beruf eines Freibeuters. Das war in jener Zeit zumeist eine Art Staatsbediensteter. Er plünderte und raubte im Auftrag eines Staatenlenkers – weshalb böse Zungen behaupten, die Freibeuter wären eine Art Vorläufer der heutigen Steuerbeamten gewesen. In einem multinationalen Unternehmen namens Vitalienbrüder, das lange für Albrecht, König von Schweden, arbeitete, machte unser Klaus Karriere und brachte es schließlich gar zu einem Aufsichtsratsposten. Zum Hauptgeschäft der Firma gehörte es, Schiffe der Dänen sowie der mit den Dänen verbündeten Hansestädte »feindlich zu übernehmen« und damit die Handelsmacht Schwedens auf der Ostsee auszubauen.

Den Angestellten dieser Freibeutercompany winkten hohe Saläre und Bonuszahlungen *(anders als heute waren diese durchaus gerechtfertigt, da es sich bei der Seeräuberei um eine ziemlich lebensgefährliche Sache handelte)*. Alles Erbeutete durfte einbehalten und steuerfrei veräußert werden. Dabei kamen wohl recht hübsche Sümmchen zusammen: Eine nette Legendenvariante besagt, dass man von Störtebekers Nachlass den Turm der Hamburger Kirche St. Katharinen vergoldet habe *(aber das könnte man aus den Einkünften der Spitzenmanager deutscher Topunternehmen – ob nun erfolgreich oder nicht – vermutlich noch immer locker!)*.

Das Betriebsklima soll bei Störtebekers Freibeutern ausgezeichnet gewesen sein (*legendär die Incentives, bei denen der Chef seinen Vierliterhumpen Bier auf einen Zug leerte!)*, das Honorierungsmodell sogar wie aus einem sozialistischen Wunschtraum: Alle Mitarbeiter erhielten angeblich den gleichen Anteil an den Gewinnen, weshalb sie sich **LIKEDEELER** – also »Gleichteiler« – nannten. Letzteres klingt allerdings so phantastisch, dass es wohl nur eine reine Legendenphantasie ist. Ähnlich wie jene, wonach sich die Firma gesellschaftlich engagiert und Teile des Jahresumsatzes an sozial Schwache abgegeben haben soll.

Das Piratenbusiness lief auf jeden Fall bestens, Störtebeker sowie die anderen Vorstandsmitglieder der Vitalienbrüder sannen auf eine Expansion in den Nordseeraum. Auch dort gab es einiges zu tun: Der Handel zwischen Hamburg und England sollte im Auftrag eines neuen Kooperationspartners, **ALBRECHT I. VON**

BAYERN, GRAF DER NIEDERLANDE UND DES HENNEGAU, gestört werden. Doch damit legte sich das relativ junge Start-up-Unternehmen mit dem alteingesessenen **GLOBAL PLAYER HAMBURG** an – ein gewaltiger Fehler! Die Hanseaten waren offenbar in ihrer Performance unterschätzt worden und noch durchaus solvent genug, eine hochmoderne Kriegsflotte unter **SIMON VON UTRECHT** in diesen *heißen Handelskrieg* zu schicken. Damit nahm die Pleite ihren Lauf ... Piraterie als Mittel im Handelskrieg, Vitalienbrüder gegen Simon von Utrecht – das alles hat es wirklich gegeben. Viele Dokumente wurden darüber verfasst. Als Hauptakteur auf der Freibeuterseite wird hier jedoch fast immer nur ein gewisser **GÖDEKE MICHELS** aktenkundig – ein *Johann Stortebeker* ist nur ein einziges Mal in dem Vertrag mit König Albrecht I. erwähnt.

Fakt ist auch, dass es 1401 tatsächlich eine erbitterte Seeschlacht vor Helgoland zwischen den Seeräubern und der Hamburger Flotte gab, bei der die Piraten unterlagen. Die Überlebenden wurden nach Hamburg verbracht, wo ihnen der Prozess ge-

Störtebeker genießt im Norden einen so wichtigen Ruf als Seeräuberlegende, dass man getrost darüber hinwegsehen kann, dass er ggf. gar nicht gelebt hat; hier die traditionellen Störtebeker-Festspiele auf Rügen

macht wurde. Alle Urteile lauteten am Ende selbstverständlich *Tod durch Enthauptung*, vollstreckt am 21. Oktober desselben Jahres. In den Prozessakten findet sich übrigens auch wieder nur der Name »Gödeke Michels« – keine Spur von einem Klaus Störtebeker! Aber was scheren uns Akten, wenn es so schöne Legenden gibt! Die schönste ist jene, dass Störtebeker (nehmen wir mal an, er war unter den 72 hinzurichtenden Freibeutern) als letzten Wunsch äußerte, dass all jene seiner Kumpanen freigelassen werden sollten, an denen er kopflos vorbeigehen könne. Gesagt, getan – erst bei der laufenden Gefangenennummer 11 wurde dem Kopflosen ein Bein gestellt … Dies zumindest ist nun erwiesenermaßen rein medizinisch absolut unmöglich – bei Menschen zumindest. Bei Hühnern ist das anders. Aber eine schöne Gruselstory ist es auf jeden Fall! Wie langweilig sind dagegen die neuesten Forschungsergebnisse darüber, dass es *nachweislich* in dieser Zeit einen *Johann Störtebeker* in Danzig gab. Der war einfach nur ein Kaufmann, Spitzel und Agent Provocateur, der mal hierhin, mal dorthin agierte und nachweislich erst nach 1413 starb – Gott bewahre, aber vermutlich eines natürlichen Todes! Da haben wir dann *doch* lieber einen norddeutschen Robin Hood, einen mittelalterlichen Ernst Thälmann oder einen kopflosen Wanderer! Nur solche Figuren haben nämlich das Zeug dazu, Legenden zu werden!

BESSER AUCH NOCH ZU WISSEN

Baltrum ist das Dornröschen unter den Ostfriesischen Inseln: Schöne Strände gibt es aber auch hier

WELCHER SEEMANN LIEGT BEI NANNY IM BETT?

Ach ja, unsere Nanny: Wie sie jeden Abend zu ihrer kleinen Bar stolziert, oder nein – eher balanciert auf ihren hochhackigen Schuhen, in denen sie angeblich nach Schichtende sogar ins Bett geht ... was für ein Schauspiel! So manchen Auffahrunfall soll sie dabei schon verursacht haben, dieses Prachtweib von St. Pauli mit den roten Haaren, dem großen Busen und dem noch größeren Herzen! Dieses Herz, das für die Seeleute schlägt, die einsam und verlassen in der Hafenstadt herumirren, auf der Suche nach menschlicher Wärme. Bei Nanny finden sie ein Zuhause – für ein paar Stunden und ein paar Euro wenigstens ...

Aber davon wollen wir nicht weiter sprechen. Mögen die Gentlemen schweigen und genießen (und die Nannys sich zwischendurch einen Piccolo genehmigen)!

Denn dieses Kapitel handelt offiziell von den sieben (bewohnten) Ostfriesischen Inseln. Was die mit Nanny zu tun haben? Nun, ganz einfach: Der Satz, der diesem Kapitel voransteht, ist eine schöne Eselsbrücke, um sich die Reihenfolge dieser »Perlenkette in der Nordsee« zu merken!

WANGEROOGE

Dieses Eiland liegt am östlichsten – so östlich, dass es offiziell gar nicht mehr zu Ostfriesland gehört. Aber großzügig wird es zu den Ostfriesischen Inseln gezählt. Wangerooge ist der Hafenstadt Wilhelmshaven vorgelagert. Daraus erklärt sich eine gewisse militärische Tradition der Inselbewohner: Wilhelmshaven war nämlich seit dem 19. Jahrhundert ein Kriegshafen und das Eiland eine Art Vorposten desselben. Im April 1945 wurde diese Inselfestung massiv bombardiert. Mehr als die Hälfte der Gebäude fielen in Schutt und Asche, aus der Dünen- wurde eine Kraterlandschaft. Davon sieht man heute nur noch wenig; trotzdem fehlt ein wenig der Charme, den das historische Seebad (das bereits 1804 diesen offiziellen Ehrentitel erhielt) einst gehabt haben mag.

SPIEKEROOG

Im Verhältnis zu den anderen Ostfriesischen Inseln ist das autofreie Spiekeroog geradezu dicht bewaldet. Zudem ist der Hauptort gleichen Namens nie besonders durch Naturkatastrophen und Kriege in Mitleidenschaft gezogen worden, sodass man hier tatsächlich von einem »historischen« Ortskern sprechen kann. Von allen Inselperlen Ostfrieslands ist Spiekeroog für viele die idyllischste. Eine besondere Attraktion ist die 1885 eröffnete Pferdebahn, mit der noch heute fußlahme Badegäste von ihren Hotels zum Strand gefahren werden.

LANGEOOG

... ist fast das genaue Gegenteil von Spiekeroog: Eine eher karge, raue Dünenlandschaft und wenig historische Häuser erwarten den Besucher. Ein wenig Saharafeeling kommt hier angesichts der unzähligen Sandhügel auf, die bis zu 20 Meter hoch sein können. Fehlen nur noch ein paar Kamele und 30 Grad mehr auf dem Thermometer ...

BALTRUM

Die kleinste Insel in der Kette hat sich selbst zum »Dornröschen der Nordsee« ernannt. Ein wenig schläfrig geht es dort tatsächlich zu, der Tourismus boomt längst nicht so wie in den anderen Seebädern. Das liegt sicher nicht allein daran, dass jede Art von Schaufahrten mit der Nobelkarosse (oder auch nur einem ganz normalen Pkw) untersagt sind – »autofrei« hat ja durchaus seinen Charme! Allerdings ist es hier noch nicht einmal gern gesehen, dass geradelt wird! So bleibt dem gehfaulen Besucher nur das Pferdetaxi der gewitzten Insulaner. Oder – für den individuellen Gepäcktransport – eine Art Bollerwagen, den man hinter sich herziehen darf wie ein Fünfjähriger. Das mag vielleicht nicht jeder.

NORDERNEY

Wer mondänen Flair sucht, der ist hier richtig: Norderney wurde bereits 1793 zum Seebad ernannt, ist damit das älteste der Nordseeküste – und das einzige, das es bis zu einem gewissen Weltruhm gebracht hat. Seit dem 19. Jahrhundert geben sich Adel und sonstige Hautevolee an diesem Ort die Klinke in die Hand. Der Waterloo-Held Blücher logierte hier ebenso wie der Friedensnobelpreisträger Gustav Stresemann, Kaiser Wilhelm II. wie Willy Brandt; der Dichter Heinrich Heine lästerte bewundernd über die Insel, während der Autor Franz Kafka bewundernd über sie schwieg … usw. Der Trend zum Promibad hat langsam nachgelassen, aber die alten Prunkbauten künden noch heute von vergangener Pracht. Die Preise übrigens auch …

JUIST

Wale – das sind Säugetiere, die ausschließlich in der Polarregion leben? Wer dies glaubt, wird auf Juist eines Besseren belehrt. Im Nationalpark-Haus findet sich nämlich – als buchstäblich größte Attraktion – das neun Meter lange Skelett eines Zwergwals, der hier im Jahre 2001 gestrandet ist. Einige Südländer vermeinen angesichts dieser Tatsache beweisen zu können, dass in Norddeutschland die Mitternachtssonne scheint, das Packeis knirscht und die Erde eine Scheibe ist. Man gibt ihnen am besten einfach *Brehms Tierleben* zu lesen.

»Natur pur« – das ist auf jeden Fall das Hauptmotto des schmalen Eilands Juist. Nennenswerte historische Bauwerke gibt es hier keine. Sollte es sie je gegeben haben, wurden sie bei einer der verheerenden Sturmfluten der Vergangenheit weggeschwemmt.

BORKUM

Ganz anders auf der größten und westlichsten Insel von »Ostfrieslands Perlen«: Hier steht trutzig festgemauert der Alte Leuchtturm! Seit 1576 dient er zur Kennzeichnung des Fahrwassers in die Ems. 1879 entstand ein zweiter, der Neue Leuchtturm – höher, schöner … aber wirklich *noch* moderner war erst der Kleine Leuchtturm, der 1889 in Betrieb genommen wurde: Es ist das erste *elektrisch* betriebene Leuchtfeuer Deutschlands.

Neben diesen Sensationen sticht Borkum vor allem durch seine spezielle Historie hervor: Die Insel war nämlich lange bekannt als *Walfängerinsel!*

Viele Kollegen von Kapitän Ahab (der mit dem weißen Wal *Moby Dick)* segelten von hier jahrhundertelang tollkühn gen Grönland, um ihren Teil an der Fastausrottung des liebenswerten Meeressäugers beizutragen. Als stumme Zeugen dafür findet man noch heute an vielen alten Häusern Zäune aus Walkinnladenknochen. Einhalt wurde diesem Treiben erst geboten, als während des Englisch-Niederländischen Krieges (1780–1784) fast alle Grönlandfahrer Borkums – die traditionell auf

Rau kann sie sein, die Nordsee, stürmisch und voller Gewalt, wenn der Blanke Hans wütet

der holländischen Seite standen – von der britischen Flotte gefangen genommen wurden. Nach einjähriger Gefangenschaft durften sie zwar in die Heimat zurückkehren – ihre Schiffe aber behielten die Engländer. Die so aufs Trockene gesetzten Waljäger durchlitten in den nächsten Jahren eine wirtschaftliche Durststrecke, in der sie verzweifelt nach neuer Beute spähten. Ende des Jahrhunderts tauchte wie durch ein Wunder ein ganz neues Jagdgut auf. Es wurde ihnen von den unergründlichen Strömungen der Mode sogar direkt an den Strand gespült: **BADEGÄSTE**.

Was für ein Glück! Von nun an mussten die Borkumer nicht mehr gefahrvolle Reisen in unwirtliche Regionen antreten, sie mussten ihre Beute auch nicht mehr blutig niedermetzeln – ein dezentes *Melken* ihrer unverhofften Besucher reichte fortan für ordentlichen Wohlstand. Zudem erwies sich diese Einnahmequelle – anders als der Walfang – auch noch als *nachhaltig:* Bis heute jedenfalls gilt der Badegast nicht als gefährdete Art, seine Population ist einigermaßen konstant geblieben.

Und wenn er nicht gerade durch irgendeinen dummen Zufall (Atomkrieg oder *Pandemie* zum Beispiel) ausgerottet wird – dann zahlt er sicherlich auch morgen noch brav seine Kurtaxe ...

WAS DER BLANKE HANS ANHAT

Blanker Hans … es ist schon ein sehr merkwürdiger Name, den die Norddeutschen ihrem rauen Meer, der Nordsee, gegeben haben (oft auch nur im Zusammenhang mit Sturm oder gar: Sturmflut). Nirgendwo sonst auf der Welt ist irgendjemand auf die Idee gekommen, eine See auf einen Menschennamen zu taufen. Wo kämen wir auch hin, wenn das Mittelmeer »Elsa«, der Indische Ozean »Rajesh« und das Japanische Meer »Hiroshi« heißen würden? Nein, das hier ist etwas ganz Besonderes – und so soll es auch bleiben. Eine speziell norddeutsche Eigenart. Die nur einmal mehr beweist, was für ein besonderes und – bei aller Liebe – sehr respektvolles Verhältnis wir zu unserem Meer haben. Hans ermöglicht es uns, hinauszufahren in die Welt. Hans schenkt uns seine Fische und den leckeren Krabbensalat. Hans ermöglicht uns durch seine Wärme, es hier im Norden – in Breitengraden, die tatsächlich auch Alaska umfassen! – klimatisch recht kommod zu haben. Wenn Hans aber einmal schlecht gelaunt ist, dann prescht er mit seinen Fluten auf unser Land ein, nimmt uns Häuser, Vieh und Leben. Vielleicht hat er ja sogar recht mit seinem Zorn – denn immerhin trotzen wir ihm seit etlichen Jahrhunderten immer wieder Gebiete ab, indem wir die Grauzonen zwischen Land und Meer frech eindeichen und zu »unserem Land« erklären. Hans, verzeih bitte!

Warum Hans »Hans« heißt, weiß niemand so genau. Wohl bekannt ist jedoch, wann die Nordsee mit diesem Namen zum ersten Mal offiziell belegt wurde: in der *Nordfriesischen Chronik*, 1666 erstmals gedruckt. Ihr Autor war Anton Heimreich (1626–1685), ein Pastor aus Nordstrand, der allerdings sehr weit in der Welt herumgekommen war. In seiner Chronik zitiert er den Deichgrafen von Risum, der nach der Fertigstellung eines neuen Deichs dem Meer angeblich entgegengerufen haben soll: »Trutz nun, blanker Hans!« Und Hans wurde trotzig – aber wie! Bereits kurz nach der Fertigstellung des Bollwerks, im Oktober 1634, brach der Deich unter der Wucht einer verheerenden Sturmflut, der sogenannten *Zweiten Großen Mandränke*, wieder ein. Etliche Menschen kamen dabei ums Leben. Überlebt hat jedoch fortan der Name: »Blanker Hans«. Der endgültige Durchbruch in den allgemeinen Sprachgebrauch erfolgte jedoch erst durch die Ballade *Trutz, blanke Hans* des Lyrikers Detlev von Liliencron, die 1883 erschien und damals eine Zeit lang in aller Munde war. Aus »Nordsee« wurde also »Hans«. Aber was hat es mit dem »Der blanke ...« davor auf sich? Wir kennen heute »blank« als »pleite« oder aber als »glitzernd«, »schimmernd«. Das Wort stammt jedoch ursprünglich – wie so vieles im norddeutschen Sprachgebrauch – aus dem Niederländischen. Dort bedeutet »blank« vor allem: »weiß«. Das passt. Denn weiß ist der Anzug, den Hans anhat, wenn er zornig ist – weiß wie die Gischt auf den aufbrausenden, deichzerstörenden Flutwellen.

AUTOSTADT HAMELN

»Nachstehende Zahlen sprechen für sich: Durchschnittsgeschwindigkeit 40 km/h, 60/70 km/h Geschwindigkeit auf schlechten Straßen, 80 km/h auf kurzer Strecke bei günstigen Wegeverhältnissen ohne Gegenwind; Steigfähigkeit hervorragend. Wo wir hinkommen, erregt der Wagen Aufsehen.«

Klar, ein Auto, das mit schlappen 40 km/h den Verkehr aufhält, erregt zwangsläufig Aufsehen. Hupkonzerte, obszöne Gesten, vielleicht sogar ein Auftritt besorgter Ordnungshüter sind recht wahrscheinlich. Genauso wie der spektakuläre Selbstmord des Autokonstrukteurs, nachdem er einen Fahrbericht wie jenen am Anfang dieser Zeilen in *Auto Bild*, *Autoglobus* oder einem vergleichbaren Fachblatt gelesen hat. Aber da messen wir mit der Latte von heute. Zu der Zeit, da diese Kritik publiziert wurde, waren die darin angegebenen Daten geradezu sensationell. Das Zitat stammt nämlich aus dem Jahr 1921, aus einer Zeit also, da die Autobahnen noch lange nicht erfunden und Automobile im Straßenbild noch selten waren. Bei dem beschriebenen Fahrzeug handelt es sich um den sagenhaften *6/24 PS Selve-Wagen* aus der weltberühmten Autostadt ... Hameln.

Ja: Hameln – wo es heute nur ein paar Kfz-Reparaturwerkstätten gibt. Zu Beginn des 20. Jahrhunderts sah es hier aber ganz anders aus: 1907 waren die *Norddeutschen Automobilwerke* – kurz: *NAW* – gegründet worden, in denen 1914 bereits 800 Pkw pro Jahr hergestellt wurden. Das war für diese Zeit eine enorme Produktion. Fabriziert wurden vor allem zwei Kleinwagenmodelle mit den hübschen Namen *Colibri* und *Sperber*:

»Sperber – Sieger in vielen in- und ausländischen Zuverlässigkeits-Konkurrenzen – zuverlässig – schnell – dauerhaft« . Mit solchen Slogans wurde für das Auto aus Hameln geworben. Und es wurde gekauft! Die Exporte gingen um die halbe Welt: Schon damals schätzte man nämlich die automobile Qualität made in Germany.

Dann jedoch kam der Erste Weltkrieg – und statt Autos mussten Granaten produziert werden. Nach dieser dunklen Zeit konnte man sich wieder dem wesentlich erfreulicheren Autobau zuwenden. Inzwischen hatte die Firma ihren Besitzer gewechselt: Der westfälische Großindustrielle Walter von Selve, ein begeisterter Hobbyrennfahrer, saß nun am Steuer und lenkte den Laden weiter auf Erfolgskurs. Die neuen Fahrzeugreihen waren im höherpreisigen Segment angesiedelt und warteten mit so manchen technischen Innovationen wie dem serienmäßigen Leichtmetallkolben auf. Eine gute Basis, um ein Global Player zu werden. Alles lief auch fein, bis zur Weltwirtschaftskrise 1929. In deren Folge musste die Produktion mangels Nachfrage komplett eingestellt werden. Doch damit war der Traum der Autostadt Hameln noch nicht ganz vorbei: 1934 forderte der neue Reichskanzler Adolf

So sah ein Sperber Anfang des 20. Jahrhunderts aus

Hitler, der sich bald nur »Führer« nennen sollte, ein »Auto für jedermann«, einen *Volkswagen*. Bei den Autobauern an der Weser, die sich inzwischen in *Deutsche Automobilwerke AG (DAWAG)* umbenannt hatten, ging es nun hoch her: Flugs entstand der Plan für einen modernen Fünfsitzer mit eigens konstruiertem Spritsparmotor. Leider war er mit den kalkulierten 2300 Reichsmark als Verkaufspreis viel zu teuer für ein »Volksgenossen«-Fahrzeug. Dies sollte nämlich nach der Idee der Naziideologen weniger als 1000 RM kosten. Für 990 RM wurde so ein Automobil bald darauf von einem anderen Anbieter konstruiert: Ferdinand Porsche. Dieser erhielt denn auch den Zuschlag für den Riesenauftrag – und die *DAWAG* ging endgültig pleite. Nie wieder wurde ein Auto in Hameln gebaut, statt mit Rollendem musste man sich wieder allein mit dem Rattenfänger begnügen.

Der Rest der Geschichte ist bekannt: Für den Bau des Volkswagens wurde eine gigantische Industrieanlage in Wolfsburg aus dem Boden gestampft, in der noch heute Autos fabriziert werden. *VOLKSWAGEN* eben, heute der drittgrößte Pkw-Hersteller der Welt. Immerhin auch ein norddeutsches Unternehmen …

Von außen kaum zu erahnen: Im Inneren des prunkvollen Schlosses Ludwigslust nahe Schwerin ist einiges aus Pappe

GOLD AUS PAPIER

Zu einem halbwegs vernünftig eingerichteten Schloss gehören (laut den Zeitschriften, die beim Friseur ausliegen) antike Marmorbüsten, Statuen aus Bronze, chinesische Vasen, schwere Kandelaber, Stuckaturen aus Gips, vergoldete Reliefs an den Wänden und so manches mehr. Das kostet natürlich Unsummen.

Dem König von Frankreich – um ein Beispiel zu nennen – standen genug Mittel für solchen Luxus zur Verfügung. Was aber tun, wenn man es gerne ebenso golden-kuschelig wie im Schloss zu Versailles hätte – aber gerade mal nur die Kohle für ein größeres Landhaus übrig hat? Im mecklenburgischen Ludwigslust fand man Mitte des 18. Jahrhunderts *die* Lösung für den minderbemittelten Adel! Im Jahre 1772 wurde dort mit dem Bau einer neuen Residenz für Herzog Friedrich begonnen. Er wünschte sich ein ruhiges Anwesen abseits der Hauptstadt Schwerin, in dem er ungestört seinen Hobbys – den Naturwissenschaften und den schönen Künsten – nachgehen konnte. Die Gemäldesammlung des Herrn Papa sollte ebenfalls dort untergebracht werden. Aber mindestens wie Versailles sollte das Vorhaben schon sein: Das lag ja auch etwas abseits von Paris und war trotzdem Nabel der zivilisierten Welt. Friedrich hatte es in seiner Jugend einmal besucht und war nie wieder aus dem Schwärmen herausgekommen. Louise Friederike, die Gattin des Herzogs, war entzückt von diesem Neubaugedanken; schließlich war sie am Hof von Württemberg aufgewachsen – und daher luxuriöseren Luxus gewöhnt als jenen, den das eher karge Schloss von Schwerin bot. Es gab da nur ein kleines Problem: Die Staatseinnahmen reichten bei Weitem nicht aus, um den erträumten Palazzo Prozzo mit all dem dazugehörenden Inventar zu finanzieren.

Da trat ein Angestellter des Herzogs auf den Plan, der einen verwegenen Vorschlag vortrug: Er hätte da so eine Erfindung gemacht, mit der man vielleicht aus der Bredouille käme ... ob Ihre Durchlaucht einmal schauen möchte?

Was genau dieser Herr Bachmann seinem Fürsten zeigte, ist nicht überliefert. Aber jetzt heben Sie mal irgendeine Philosophenbüste aus Marmor in Versailles hoch. Nein, um Gottes willen nicht wirklich, sonst sind wir gleich von Wärtern umringt! Nur so in Gedanken. Und? Ist schwer, was? Die kriegen Sie kaum hoch. Jetzt das Gleiche noch einmal mit einem ähnlichen Denkerkopf in Ludwigslust. Was passiert? Ein Wunder! Sie können das Marmorhaupt auf *einem* Finger balancieren! Es sieht nämlich nur so aus wie Marmor, ist aber aus »Ludwigsluster Carton«. Wie auch all die anderen Bronzebüsten, vergoldeten Stuckaturen, Marmorstatuen, Kerzenleuchter, Uhrgehäuse, Tischaufsätze und noch vieles mehr im Ludwigsluster Schloss. Alles nur Pappmaché!

Herr Bachmann hatte eine altbekannte Fertigkeit zur Vollendung getrieben. Sie kennen das Grundprinzip vielleicht noch aus der Schule: Luftballon aufblasen, mit Leim verklebte Zeitungsschnipsel in mehreren Lagen draufbappen, trocknen lassen … und fertig ist die Papierkugel, aus der man Masken oder Sparschweinchen basteln kann. Die Kunst des »zerkauten Papiers« war zwar bereits seit dem 15. Jahrhundert in Europa bekannt, kam bis dato aber nur für kleinere Preziosen wie Tabaksdosen oder Heiligenfigürchen zum Einsatz. Bachmann jedoch dachte groß – und entwickelte eine Methode, mit der die Papiermasse härter wurde als mit Leim. Diese war auch auf größeren und wesentlich komplizierteren Vorlagen als einem Luftballon auftragbar. Eben auf Büsten, Deckenstuck oder Kandelabern. Praktisch alles, was der Ludwigsluster Hofbildhauer Sievert einmal als Matrix in Holz oder Ton schuf, konnte von Bachmann x-mal reproduziert werden. Diese Papierwaren konnte man schleifen und polieren – ganz so, als ob sie aus wertvolleren Materialien gemacht worden wären. Dann den passenden Anstrich darauf – Bronze, Gold oder Marmorierung … fertig!

Der Clou: Wasserdicht war das Ganze auch – sodass man sogar für den Garten Pappkameraden herstellen konnte. Wie genau die Technik vonstattenging, ist Bachmanns großes Geheimnis, das er mit ins Grab nahm. Alle Handwerker, die für ihn arbeiteten, durften immer nur einen bestimmten Arbeitsschritt vornehmen – den Gesamtüberblick über die Cartonherstellung behielt allein ihr Entwickler. So kann man im Nachhinein nur mutmaßen, dass neben Leim auch gewisse Harze und Öle benutzt wurden, um die Papierschichten miteinander zu verkleben und haltbarer zu machen.

Das Tollste an dem Pappmaché aber war, dass der Grundstoff fast nichts kostete – im Gegensatz zu den klassischen Edelmaterialien. Im Notfall nahm man einfach alte Akten aus dem Archiv – noch heute sind im Inneren der Pappkunstwerke Buchhaltungseinträge lesbar. Dank Bachmanns Erfindung konnte sich Herzog Friedrich daher doch noch seinen Traum vom »kleinen Versailles im Norden« verwirklichen. Auch auf den zweiten und sogar auf den dritten Blick wirkt die Ausstattung von Schloss Ludwigslust noch heute edel, elegant und … sehr teuer. Wie eben ein Schloss aussehen muss – auch wenn der Palast eigentlich nur aus Pappe ist. Aber das muss ja nicht jeder Besucher wissen …

FINANZTIPP

Es geht das Gerücht, dass jenes Blatt, auf dem Herr Bachmann die Formel für seine Superpappe notiert hatte, noch zu seinen Lebzeiten versehentlich im Altpapier gelandet sei. Gut möglich also, dass sie sich in einer der Preziosen des Ludwigsluster Schlosses wiederfinden lässt – sie wäre der Schlüssel zu einem stattlichen Vermögen! Untersuchen Sie bei jedem Palastbesuch also diskret das eine oder andere Objekt! Vergessen Sie aber bitte nicht, es danach wieder zusammenzukleben …

DIE ELBE – EIN ELFENFLUSS?

»Drei Ringe den Elbenkönigen hoch im Licht …« – so beginnt das Gedicht über den »Herren der Ringe« in J. R. R. Tolkiens gleichnamigem Fantasyepos. Sind die edlen Elfen aus Lothlórien also womöglich zugleich auch die Könige von St. Pauli?

JA! – so könnte man meinen, wenn man sich den Namen des norddeutschen Hauptflusses ansieht: »Elbe« auf Hoch-, »Elv« auf Niederdeutsch … und im Altnordischen heißt »Älfr« auch noch: »Elfe«.

Schon sieht man also im Geiste *Arwen, Legolas & Co* auf vollmondbeschienenen Elbauen singend wandeln … sind sie womöglich die Vorfahren von Landwirt Früchtenicht und Bauer Piepenbrink? Die tragen ja noch immer auf dem Elbdeich ihre Liedchen vor – nach dem zehnten Vatertagsbierchen zumindest.

Eine Mär von der Elbe hat sich lange zumindest in den Geografiebüchern Deutschlands gehalten: dass sie der drittlängste Fluss Europas sei – nach Donau und Rhein. Das mag zu Zeiten gestimmt haben, da die Weltscheibe im Osten irgendwo kurz hinter dem Eisernen Vorhang *(also – je nach Weltsicht – in der sogenannten DDR, hinter Polen, zur Not auch noch östlich von Moskau, dem Herzen der Finsternis)* einfach aufhörte und alles Wasser von dort ins Weltall fiel.

Heute jedoch wissen wir, dass die Erde eine Kugel ist und Europa erst beim Ural endet. So gesehen ist die Elbe der vierzehntlängste Fluss der Alten Welt. Die **WOLGA**

Wenn die Elbe hier nicht magisch aussieht, dann weiß ich auch nicht …

ist mit ihren rund 3530 Kilometern mit Abstand der längste, die **DONAU** (circa 2800 Kilometer) immerhin auf Platz 2. Bis zum **RHEIN** (bummelig 1230 Kilometer) auf dem 12. Platz und eben der **ELBE** auf Platz 14 (1094 Kilometer) gibt es da noch einige längere Ströme, die auf so ungewöhnliche Namen wie **KAMA** *(gutes oder schlechtes?)*, **OKA** *(ist das russisch für »okay«?)* oder **BELAJA** *(kommt da nicht der gute Kaviar her?)* hören.

Doch vielleicht sind dies auch nur Geisterflüsse – denn war jemand jemals an ihren Ufern? Die real bekannte Elbe hat jedenfalls bereits eine märchenhafte Reise hinter sich, wenn sie bei Schnackenburg in die Nordgefilde mündet. Sie entspringt im sagenumwobenen Riesengebirge in Tschechien. Der Geist Rübezahl, der hier wohnt, schaut manchmal auf sie herab. Schon einen Kilometer nach ihrer Quellgeburt tut sie einen tiefen Fall: 40 Meter hinab bei der sogenannten Elbfallbaude. Von hier geht es jedoch wesentlich gemächlicher weiter in einem weiten Bogen durch das schöne Böhmen, das laut William Shakespeare ja *am Meer liegt* (vermutlich meinte er damit den Zustrom zur Nordsee – denn ein Genie irrt sich nie!). Die *Goldene Stadt* Prag lässt sie leider links liegen. Stattdessen fließt sie nun zielstrebig nach Sachsen, auf das *Elbflorenz* Dresden zu. Von dort geht es weiter zu anderen welthistorischen Stätten: *Porzellan*stadt Meißen, *Schlachten*stadt Torgau, *Luther*stadt Wittenberg, *Kaiser*stadt Magdeburg ... um nur einige zu nennen.

Schließlich erreicht sie die geheimnisvollen, nebeligen Nordlande: vorbei an der alten Festung Dömitz hin zum Mysterium von Geesthacht. Hier, wo die Schiffe Fahrstuhl fahren müssen, verwandelt sich der Süßwasserstrom und mischt sich mit salzigem Meerwasser. Der Fluss wird breiter, verästelt sich: Hamburg, der zweitgrößte Hafen Europas, ist erreicht. Allerlei Seemannsgarn wird auf den Schiffen aus aller Welt gesponnen. Am Ausgang des Hafens wartet in Teufelsbrück bereits der Leibhaftige und grinst von seiner Duckdalbe aus alle Reisenden an. »Bald gehört ihr mir!«, scheint er zu flüstern. Doch die Reise geht ohne Probleme weiter. Vorbei am Alten Land, das dem Auenland verdächtig ähnelt, nähert er sich unaufhaltsam der Nordsee. Auf den Sandbänken des Flusses tummeln sich nun manchmal barbusige, bärtige Seejungfrauen, die nur von sehr nüchternen Realisten als »Seehunde« bezeichnet werden. Und schließlich: das Meer ...! Ganz klar also: Die Elbe ist ein Elfenfluss!

Drei der Hamburger Kirchturmgiganten: im Mittelpunkt St. Michaelis (von den Einheimischen liebevoll »Michel« genannt), links dahinter St. Petri und rechts St. Jacobi. Dazu am linken Bildrand der Turm des Rathauses – immerhin auch 112 Meter hoch

Dann jedoch die Enttäuschung: »Elb« und »Elv« bedeuten in der alten deutschen Sprache nicht »Elfe« – sondern einfach nur »Fluss«; »Älf« sagt man dafür auch im Altnordischen, das hat mit der »Älfr« nichts zu tun.

Aber wer ist schon so bescheuert, einen wichtigen Fluss einfach »Fluss« zu taufen? Dann müssten ja auch Rhein und Donau »Elbe« heißen! Sprachwissenschaftler sind sich daher heute ziemlich sicher, dass der Name gar nicht von diesem Wort für »Fluss« stammt, sondern von dem indogermanischen albhos – was so viel wie »hell« oder »weiß« bedeutet. In den ersten schriftlichen Berichten über dieses Gewässer, erstellt von den Römern und Griechen, wird vom »fiumen albis« gesprochen; von den Germanen ist bekannt, dass sie die Elbe einst *Albia* nannten. Beides bedeutet so viel wie »weißer Fluss«. Dieser Name macht Sinn, denn der Grund der Elbe ist recht sandig, wodurch das Wasser hell erscheint – heller als das der meisten anderen Flüsse.

Aber ein weißer Fluss – das ist doch auch ganz toll! So mystisch! Wie *Weißer Ritter, Weißer Riese, Gandalf der Weiße* ... es ist eben doch eine Elben-Elbe!

KIRCHLICHER REKORD

Fährt man mit dem Expeditionsfahrzeug auf der A 7 gen Norden, sind die letzten paar Kilometer vor Hamburg wahrscheinlich die schönsten. Man gönne sich am besten als musikalische Untermalung dazu den guten alten Song der Lassie Singers und singe laut mit: »*Kamener Kreuz links vorbei / im Radio läuft HR3 / Frankenhöhe Schnitzelalarm / Superplus and dann nichts wie rauf nach* ...« – tja, und wenn dann nicht gerade wieder ein Stau vor dem Elbtunnel ist, fährt man mit dem Refrain ins Elbtal ein – »*Hamburg / Jesus liebt dich / Wo am Hafen / die Schiffe und die Fische schlafen* ...«

Vor einem zeigt sich nun unvermittelt die elegante Skyline der Hansestadt: Hinter den vielen Kränen im Vordergrund erheben sich stolz der Fernsehturm, der Turm des Rathauses, der Block der Elbphilharmonie und vor allem: die fünf dominanten Kirchtürme, die das ursprüngliche Stadtbild seit jeher prägten.

Mit diesen Kirchen ist Hamburg Weltrekordhalter in Sachen Sakralarchitektur – macht aber hanseatisch-dezent kein großes Aufheben darum. Trotzdem: Nirgendwo sonst auf dem Globus finden sich so viele Glockenturmgiganten auf einem Haufen, stolze 4 der internationalen Top 15 stehen versammelt hier! Und das, obwohl der Untergrund hier alles andere als optimal für ein festes Fundament ist. Mit fast 148 Metern hat *St. Nikolai* den höchsten Kirchturm der Stadt – im internationalen

Ranking nimmt der Koloss immerhin Platz 5 ein. Es folgen die Türme von *St. Petri* mit 132,2 Metern (auf der Weltrangliste Platz 11) und jener – nur 6 Zentimeter (!) niedrigere – des *Michels* (damit Platz 12 der globalen Kirchturmrekorde). Mit 125,4 Metern ein wenig kleiner (aber immer noch Platz 15) ist da zudem noch *St. Jacobis* Glockenturm und schließlich als kleinster Bruder der Elbmetropolenskyline jener von *St. Katharinen* (der mit seinen gut 116 Metern immerhin auch noch in den Top 30 weltweit rangiert).

Klar, in ein paar Städten geht es noch höher – aber eben jeweils nur einmal.

Sieger aller Klassen ist das Ulmer Münster mit 161,5 Metern. Doch dessen Turm ragt monolithisch aus der Stadt. So wie auch die Türme des Kölner Doms (Platz 3) und jener der Kathedrale von Rouen (Platz 4) allein auf weiter Flur stehen.

Beim Vizemeister der sakralen Höhenflüge kann man sich gar ein wenig streiten, ob der nicht außer Konkurrenz läuft: Es handelt sich um die Basilika Notre-Dame de la Paix in Yamoussoukro, Elfenbeinküste; dort ist nur auf einen circa 130 Meter hohen Kuppelbau ein riesiges Kreuz aufgesetzt, das für die nötigen Höhenmeter sorgt.

Doch nach Afrika sollten wir vielleicht besser eine eigene Expedition planen, da es nicht direkt über die A 7 erreichbar ist. Auf der befinden wir uns ja aber gerade. Die Lassie Singers singen ihre letzte Strophe: *»Du eitle Hanse / Alle wollen dich / und du weißt das…«* Wir singen immer noch mit: *»… und du brauchst das / Du sexy Hamburg!«*

Dann verschwinden wir im Elbtunnel.

WELCHE STÄDTE ZUR HANSE GEHÖREN

Eine Hansestadt? Ganz klar: Die erkennt man sofort an den Kfz-Kennzeichen mit dem »H« vorweg! **HL** ist Hansestadt Lübeck, **HB** steht für Hansestadt Bremen, **HH** = Hansestadt Hamburg, **HRO** bedeutet Hansestadt Rostock, **HWI** kennzeichnet Hansestadt Wismar … ach, und dann sind da noch **HGW** für Hansestadt Greifswald und **HST** für Hansestadt Stralsund. Die sieben – das wars dann mit der Hanse, nicht? Einmal abgesehen davon, dass man mit dieser Methode Kennzeichen wie **HOT** (»Hohenstein-Ernstthal«) oder **HBN** (»Hildburghausen«) maßlos überbewerten würde – dort gibt es nämlich weit und breit nichts, was irgendwie mit der Hanse in Verbindung gebracht werden könnte –, vernachlässigte man schmählich zwei weitere Orte, die noch heute stolz den Titel »Hansestadt« tragen – aber leider zu klein sind, um eigene Nummernschilder drucken zu lassen: *Anklam* und *Demmin*. Viel schlimmer ist aber, dass man mit dieser Art der Städteklassifizierung den mächtigen mittelalterlichen Handelsbund aus Norddeutschland auf unzulässige Weise reduzierte! Wir erinnern uns: Die Hanse war zunächst ein Zusammenschluss norddeutscher Kaufleute aus Lübeck, Hamburg und Bremen, der zur Sicherung der Handelsfahrten sowie zur Wahrung gemeinschaftlicher Wirtschaftsinteressen im Ausland diente. Schnell schlossen sich diesem Bund weitere Städte aus ganz Nord- und Mitteleuropa an, sodass die Hanse im 13. und 14. Jahrhundert zu einer bürgerlichen, fastdemokratischen Großmacht wurde. Das Problem dabei: Die Hanse hatte nie eine wirkliche Satzung und vor allem: kein offizielles Mitgliederverzeichnis. Städte konnten beliebig eintreten und wieder austreten – je nach Wirtschaftslage und Befindlichkeiten der Handelsherren. Der König von England wünschte sich einmal eine detaillierte Liste der angeschlossenen Kommunen, der Kaufmannsbund weigerte sich jedoch, eine solche auszuhändigen. Vermutlich deshalb, weil es sie *einfach nicht gab* – und weil es viel zu diffizil gewesen wäre, ein solches Dokument wirklich aktuell zu halten. In der Blütezeit der Hanse wäre diese Liste sehr lang gewesen, ab Mitte des 15. Jahrhunderts lösten sich jedoch immer mehr Handelspartner aus dem Bund. Der Grund: Die Urhanseaten beschränkten sich auf ihr traditionelles Handelsgebiet im Nord- und Ostseeraum. Dieses war aber inzwischen irgendwie »unsexy« geworden, weil sich ganz neue und viel lukrativere Geschäftsfelder in Übersee aufgetan hatten. So schlief die Hanse langsam ein, der letzte *Hansetag*, eine Art »Jahreshauptversammlung« der Hansestädte, fand 1669 statt. Danach blieb nur noch ein lockeres Bündnis jener drei Städte, die rund 400 Jahre zuvor mit diesem »Wirtschaftswunder« begonnen hatten: Lübeck, Hamburg und Bremen. Ansonsten sind eigentlich nur noch die Nummernschilder von der Hanse übrig geblieben ... Würde sich jedoch jede Stadt, die irgendwann einmal in dem Bund war, heute wieder »Hansestadt« nennen – fast die Hälfte aller KfZ-Kennzeichen begönnen mit »H«! Ich habe einmal alle diese Städte aufgelistet – vielleicht sind auch Sie ja ein (ehemaliger) Hanseat?

Ahlen · Alfeld · Allendorf · Altena · Anklam · Arnheim · Arnsberg · Aschersleben · Attendorn · Balve · Beckum · Belecke · Belgard · Berlin-Cölln · Bielefeld · Billerbeck · Blankenstein · Bocholt · Bochum · Bockenem · Bodenfeld · Borgentreich · Borken · Brakel · Brandenburg · Braunsberg · Braunschweig · Breckerfeld · Bremen · Breslau · Brilon · Buxtehude · Coesfeld · Danzig · Demmin · Deventer · Dinant · Doesburg · Dorpa · Dorsten · Dortmund · Drolshagen · Duderstadt · Duisburg · Dülmen · Düsseldorf · Einbeck · Elbing · Elburg · Emmerich am Rhein · Erfurt · Essen · Eversberg · Fellin · Frankfurt (Oder) · Freienohl · Fürstenau · Gardelegen · Geseke · Goldingen · Gollnow · Goslar · Göttingen · Greifenberg · Greifswald · Grevenstein · Grieth · Gronau · Groningen · Gützkow · Hachen · Hagen · Halberstadt · Halle · Haltern · Hamburg · Hameln · Hamm · Hannover · Harderwijk · Haselünne · Hasselt · Hattem · Hattingen · Havelberg · Helmstedt · Herford · Hildesheim · Hirschberg · Hörde · Hüsten · Iburg · Iserlohn · Kallenhardt · Kamen · Kammin · Kampen · Kiel · Kokenhusen · Kolberg · Köln · Königsberg · Korbach · Köslin · Krakau · Kulm · Kyritz · Langscheid · Lemgo · Lemsal · Lippstadt · Lübeck · Lüdenscheid · Lüneburg · Lünen · Magdeburg · Melle · Menden · Meppen · Merseburg · Minden · Mühlhausen · Münster · Naumburg · Neuenrade · Neuss · Neustadt · Nieheim · Nijmegen · Nordhausen · Northeim · Oldenzaal · Olpe · Ommen · Osnabrück · Osterburg · Osterode am Harz · Paderborn · Peckelsheim · Perleberg · Pernau · Plettenberg · Pritzwalk · Quakenbrück · Quedlinburg · Ratingen · Recklinghausen · Reval · Rheine · Riga · Roermond · Roop · Rostock · Rügenwalde · Rüthen · Salzwedel · Schlawe · Schwerte · Seehausen · Soest · Solingen · Stade · Stargard · Stavoren · Stendal · Stettin · Stockholm · Stolp · Stralsund · Sundern · Tangermünde · Telgte · Thorn · Tiel · Treptow · Uelzen · Unna · Uslar · Venlo · Vörden · Vreden · Warburg · Warendorf · Warstein · Wattenscheid · Wenden · Werben · Werl · Werne · Wesel · Westhofen · Wetter (Ruhr) · Wiedenbrück · Windau · Wipperfürth · Wisby · Wismar · Wollin · Wolmar · Zaltbommel · Zutphen · Zwolle

DANKSAGUNG

Es ist immer wieder wunderbar, wenn Menschen einem bei der Verwirklichung so eines Buchprojekts helfen. So wie jene Persönlichkeiten, denen ich hier (in alphabetischer Reihenfolge) danken möchte:

DR. JOBST-WALTER DIETZ korrigierte all die kleinen Fehler, die sich in dem Artikel über die Hamelner Autos eingeschlichen hatten – und lieferte auch gleich noch die »Beweisfotos« dazu. Die historische Automobilentwicklung Hamelns kann übrigens im Museum der Hamelner Automobilgeschichte auf dem HefeHof der Stadt besichtigt werden. www.hefehof.de

CORINNA ENDLICH und ihr Team von der Stiftung Schleswig-Holsteinische Landesmuseen öffnete mir in Schloss Gottorf und dem angegliederten Haithabu Hütten, Schätze und Wunder. Zudem warf Frau Endlich auch noch einen kritischen Blick auf meine Texte – um gleich danach zum Rockfestival in Wacken abzureisen und dort angehende Wikinger im Rudern zu trainieren … www.schloss-gottorf.de

JENS NORDLOHNE, den seine Mutter »einen der wichtigsten Männer Kehdingens« nennt, stellte mir die Chronik seines Gutes Ziegelhof zur Verfügung, in der Erstaunliches über die Mumien in der Elbe steht.

JOCHEN WIEGANDT, eine Koryphäe des (norddeutschen) Volkslieds und Schlagers, gab nützliche Tipps und Korrekturen zu allen Liedern, die man kennen muss.

JUDITH HILGENSTÖHLER, die das Innenleben dieses Buches optisch so genial und liebevoll gestaltet hat!

HOLGER METZ, einem der seltenen Korrektoren, die nicht nur stumpf Rechtschreibfehler abarbeiteten, sondern auch noch auf inhaltliche Logikfehler achten.

Und natürlich **SVETLANA ROMANTSCHUK**, Lektorin dieses Buches, für Lob & Kritik, kluge Anmerkungen, sanfte Korrekturen, das Ertragen meiner Launen … Kurz: für eine tolle Zusammenarbeit!

DANK EUCH ALLEN!
Ulfert Becker

BILDNACHWEIS

imago images/imagebroker (S. 6), imago images/blickwinkel (12), imago images/imagebroker (15), imago images/Philipp Szyza (18), Ludger Schüren (20), imago images/Shotshop (25), picture alliance/Markus Scholz/dpa (28), imago images/Priller&Maug (37), imago images/Eibner (40), imago images/Robert Poorten (44), imago images/localpic (46), shutterstock/Greenseas (48), Ulfert Becker (50, 51), imago images/Christian Ditsch (53), freepik/solominphoto (55), picture-alliance/ZB | Matthias Bein (56), picture-alliance/akg-images | akg-images (59), imago images/United Archives (62), Benjamin Hüllenkremer (66, 69, 71, 73), imago images/photothek (74), imago images/All Canada Photos (77), imago images/imagebroker (82), imago images/Hübner (87), imago images/blickwinkel (91), imago images/Panthermedia (94), imago images/McPHOTO (97), Ulfert Becker (98), imago images/agefotostock (101), imago images/Cavan Images (104), imago images/Jochen Tack (107), imago images/blickwinkel (109), picture alliance/dpa | Marcus Brandt (114), picture-alliance/akg-images | akg-images (119), imago images/Arkivi (121), imago images/Leo (123), imago images/Martin Wagner (126), imago images/Michael Bahlo (128), Henrik Matzen/Landesmuseen Schloss Gottorf (131), imago images/SMID (133), imago images/Panthermedia (134), Ostfriesland Reloaded (136), imago images/Shotshop (142), freepik/Racool_studio (144), freepik/introspectivedsgn (148), imago images/Design Pics (152), imago images/blickwinkel (154), imago images/Rupert Oberhäuser (159), picture alliance/dpa | Christian Charisius (164), imago images/Jens Koehler (167), imago images/blickwinkel (170), imago images/Priller&Maug (174), Dr. Jobst-Walter Dietz (177), imago images/blickwinkel (178), imago images/blickwinkel (182), Martin Elsen (184)

Die Illustrationen auf den Seiten 42 und 89 sind von Judith Hilgenstöhler nach Vorlagen von Ulf Carstensen erstellt worden.

Edel Books unterstützt bei der Produktion dieses Buches das Projekt »Junge Riesen für die nächsten 100 Jahre« in der Nossentiner/Schwinzer Heide. Damit wird ein Anteil der unvermeidbaren CO_2-Emissionen im direkten Umfeld des Produktionsstandortes kompensiert.

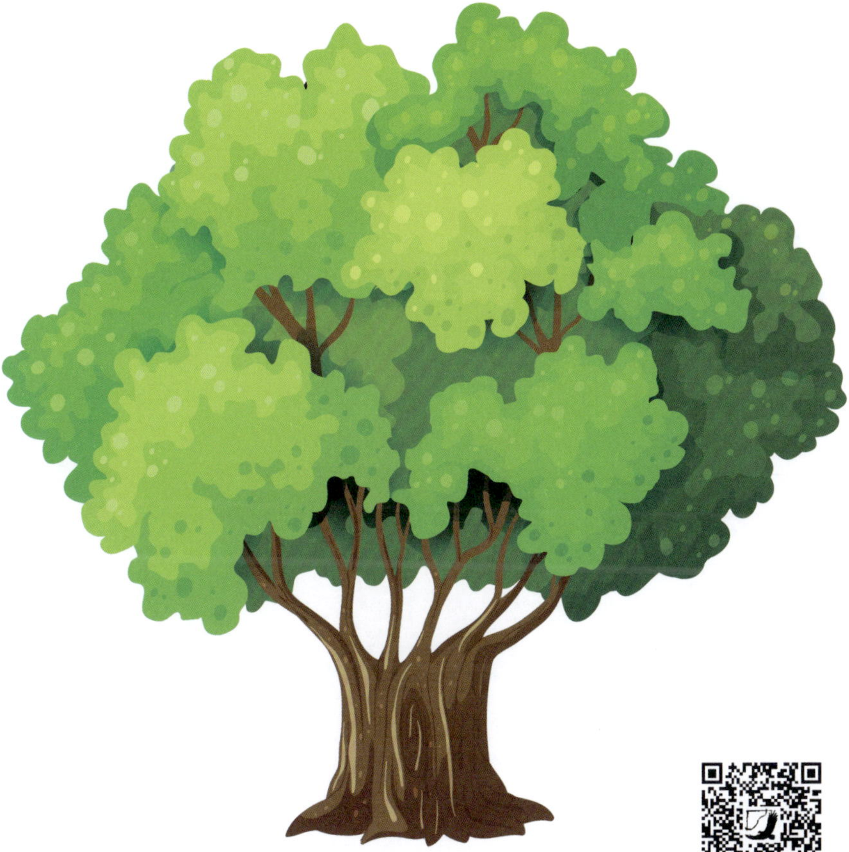

Partner des Naturparks
Nossentiner / Schwinzer Heide

Edel Books
Ein Verlag der Edel Germany GmbH

Neumühlen 17, 22763 Hamburg
www.edelbooks.com

Projektkoordination und Lektorat: Svetlana Romantschuk
Layout und Satz: Judith Hilgenstöhler, Hamburg
Umschlaggestaltung: Nicole Pfeiffer, Hamburg
Lithografie des Umschlags: Frische Grafik, Hamburg
Autorenfoto: Andreas Voss, Hamburg

Druck und Bindung: optimal media GmbH, Glienholzweg 7, 17207 Röbel/Müritz

Printed in Germany

ISBN 978-3-8419-0754-7